# GRAMMAIRE

Giovanna Tempesta

TESTS CLE

# CLE
## INTERNATIONAL

# Conseils à l'étudiant

- Vous pouvez suivre l'ordre des chapitres de 1 à 10 ou choisir librement les contenus que vous voulez travailler, chaque chapitre étant autonome.
- Vous pouvez répondre aux tests au crayon à papier pour les refaire après quelque temps.

Vous faites un exercice,

vous comparez vos réponses avec les corrigés,

vous vous mettez une note,

si vous n'avez pas su répondre, ou si vous vous êtes trompé(e), apprenez les bonnes réponses.

Refaites l'exercice plusieurs fois.

Refaire les exercices vous aidera à fixer les connaissances et ainsi à progresser en français.

Édition : Brigitte Faucard

Illustrations : Jaume Bosch

Couverture : Laurence Durandau

Maquette : Télémaque

Mise en page intérieure : PAOH ! - Dole

© CLE International, 2003.

ISBN : 978-2-09 033618-4

# Avant-propos

Les *Tests CLE* en grammaire s'adressent à des apprenants adolescents et adultes de niveau intermédiaire en français.

Cet ouvrage vise à réemployer des points grammaticaux abordés au préalable, à travers de nombreux exercices afin de continuer à apprendre et à fixer les connaissances de la langue. Ce livre peut être utilisé en complément d'une méthode ou en auto-apprentissage.

Les 10 chapitres de cet ouvrage prennent en compte les objectifs et les contenus de l'apprentissage des méthodes actuelles.

À travers des activités stimulantes, variées et parfois ludiques, les exercices se présentent sous forme de textes à compléter, de production guidée ou libre, de mots croisés/mots cachés, d'observation et de découverte des structures grammaticales, de rébus, etc.

Chaque page comporte 10/15 questions numérotées en vue d'obtenir 10/15 points. Ainsi, l'apprenant peut s'évaluer et savoir où il en est dans son acquisition.

Les consignes y sont claires et concises. La progression peut suivre le découpage ou s'organiser librement, chaque chapitre étant autonome.

Les corrigés des exercices se trouvent à la fin du livre.

# Sommaire

# 1 Les pronoms relatifs

**1** Évitez la répétition en utilisant le pronom relatif *qui*.

**1.** Tu vois la femme là-bas ?  Elle traverse la rue.

_____

**2.** C'est cette femme. Elle a gagné au loto.

_____

**3.** Elle a touché 15 millions d'euros. 15 millions d'euros est un record pour la Française des jeux.

_____

**4.** Elle a joué avec son frère. Il n'avait jamais rempli de grille de loto auparavant.

_____

**5.** Ils vivent toujours dans leur maison. Elle se trouve à la sortie du village.

_____

Note :  /5 points

**2** Complétez avec *qui* ou *que/qu'*.

**1.** Le vol _____ elle a pris pour les Canaries est en retard.

**2.** Le pays _____ nous survolons est la Russie.

**3.** Vite ! J'entends le métro _____ arrive.

**4.** Le numéro du train _____ est affiché ne correspond pas au nôtre.

**5.**  Excusez-moi, mais c'est la place _____ j'ai réservée.

Note :  /5 points

TOTAL :  /10 points

**3** **Réunissez les deux phrases à l'aide du pronom relatif *dont*.**

**1.** Apporte-moi l'outil ; j'ai besoin de cet outil.

_____

**2.** Je te prêterai le livre ; tout le monde en parle.

_____

**3.** Le directeur aimerait voir le dossier ; tu t'occupes de ce dossier.

_____

**4.** Ce sont des sujets ; mes parents n'en discutent jamais.

_____

**5.** Il a rencontré son nouveau collègue ; il se méfie de ce collègue.

_____

Note : /5 points

**4** **Complétez les phrases avec *dont, qui* ou *que/qu'*.**

**1.** Ce peintre, _____ j'ai oublié le nom, a peint cette montagne à diverses saisons.

**2.** Le tableau, _____ elle admirait, valait 3 000 euros.

**3.** Les galeries d'art _____ se trouvent rue de Seine sont nombreuses.

**4.** J'ai vu l'exposition de peinture _____ vous m'avez recommandée.

**5.** C'est le genre d'aquarelle _____ il raffole.

Note : /5 points

TOTAL : /10 points

**5** **Réécrivez ces phrases en utilisant *où*.**

**1.** Le Val de Loire est une région ; on peut y voir de nombreux châteaux et déguster de bons vins.

_____

**2.** J'ai vu la Côte d'Azur un jour ; il neigeait ce jour-là.

_____

**3.** La France est un pays ; la gastronomie occupe une place importante dans ce pays.

_____

**4.** Nous avons visité Paris une année ; les transports publics étaient en grève cette année-là.

_____

**5.** Nous arrivons dans le quartier ; j'aimais m'y promener.

_____

Note : /5 points

**6** **Soulignez ce qui convient.**

**1.** Voici le lieu – d'où – où – qu' – il a caché la victime.

**2.** Montrez-moi l'arme – que – dont – où – le criminel s'est servi.

**3.** C'est bien l'endroit – que – qui – d'où – vous avez vu l'assassin ?

**4.** Voici le témoin – qui – d'où – qu' – a appelé la police.

**5.** J'ai oublié le nom de la rue – où – d'où – par où – le meurtrier est passé.

Note : /5 points

TOTAL : /10 points

**7** **Reliez les questions et les réponses.**

1. Tu veux cela ? •                    • **a.** Non, ce n'est pas ce qui m'intéresse.

2. Cela te fait plaisir ? •          • **b.** Oui, c'est ce que j'ai pris.

3. Cela t'intéresse ? •             • **c.** Non, ce n'est pas ce que je veux.

4. Vous offrez ça ? •               • **d.** Oui, c'est ce qui me fait plaisir.

5. Tu as pris ça ? •                 • **e.** Oui, c'est ce que nous offrons.

Note : /5 points

**8** **Répondez à ces questions en utilisant *ce dont*.**

**1.** Vous parlez de cela ? – Oui, _____

**2.** Tu as besoin de ça ? – Non, _____

**3.** Ils s'occupent de cela ? – Non, _____

**4.** Il est question de ça ? – Oui, _____

**5.** Vous avez envie de ça ? – Non, _____

Note : /5 points

**9** **Complétez le dialogue avec *ce qui, ce que/qu'* ou *ce dont*.**

– Raconte ta première journée de stage de coiffure.

– Tout d'abord, j'ai observé _____ faisait le professeur, _____ il prenait

comme matériel pour coiffer les clientes. J'ai noté _____ il se servait

comme produits. Et j'ai aussi écouté _____ voulaient les clientes et

_____ les intéressait. Demain, j'espère que je serai plus active.

Note : /5 points

TOTAL : /15 points

**10** Complétez les phrases avec *ce que, ce qui, ce dont* et *c'est/ce sont*.

**1.** _____ m'énerve le plus, _____ la queue aux caisses des supermarchés.

**2.** _____ je déteste, _____ les commerçants peu aimables.

**3.** _____ je rêve, _____ de faire toutes mes courses par Internet.

**4.** _____ me préoccupe, _____ la disparition des petits commerces.

**5.** _____ j'aime, _____ les magasins ouverts toute la journée.

Note : /5 points

**11** Reliez les éléments pour en faire des phrases.

**1.** C'est nous •          • **a.** qui sont au troisième rang.

**2.** C'est moi •          • **b.** qui a le programme.

**3.** C'est lui •          • **c.** qui avons les places 68 et 69.

**4.** Ce sont eux •          • **d.** qui ai les billets du spectacle.

**5.** C'est vous •          • **e.** qui êtes mal placés.

Note : /5 points

**12** Complétez ces questions avec *c'est/ce sont* et *qui, que ou qu'*.

**1.** _____ moi _____ vous voulez rencontrer ?

**2.** _____ elles _____ sont responsables de ce projet ?

**3.** _____ moi _____ ai ce dossier en charge ?

**4.** _____ eux _____ il désire embaucher ?

**5.** _____ toi _____ es nommé à ce poste ?

Note : /5 points

TOTAL : /15 points

**13** **Réécrivez ces phrases avec les pronoms relatifs *auquel, à laquelle, auxquels* et *auxquelles*.**

**1.** J'ai regardé le débat télévisé ; il a participé à ce débat.

_____

**2.** Il avait lu tous les articles de journaux ; le journaliste y faisait référence.

_____

**3.** Elle connaît les agences de presse ; nous nous sommes adressés à ces agences de presse.

_____

**4.** J'ai rencontré ce grand reporter de guerre ; tu pensais à lui.

_____

**5.** Les journaux ont lancé une campagne d'information ; la télévision et la radio y ont pris part également.

_____

Note : /5 points

**14** **Complétez avec *à qui, auquel, auxquels* ou *auxquelles*.**

**1.** Les problèmes _____ s'attaquera le gouvernement seront nombreux.

**2.** Le Président, _____ vous reprochez son attitude, n'a pas dit son dernier mot.

**3.** Les accusations, _____ le Premier ministre est confronté, provoquent de vives réactions.

**4.** Le programme, _____ souscrivent les partis de l'opposition, semble intéressant.

**5.** Les députés, _____ vous aimeriez parler, sont absents de l'assemblée.

Note : /5 points

TOTAL : /10 points

**15** **Réunissez les deux phrases à l'aide de *lequel, laquelle, lesquels* ou *lesquelles*, précédés d'une préposition.**

**1.** Montrez-moi le livre ; vous avez trouvé la recette de cuisine dans ce livre.

_____

**2.** Apporte-moi la poêle ; tu as frit le poisson avec cette poêle.

_____

**3.** Goûtez à ces plats; ce chef cuisinier a été récompensé pour ces plats.

_____

**4.** Il faut acheter les épices ; elle ne cuisine jamais sans ces épices.

_____

**5.** Voici la tarte ; j'ai saupoudré du sucre glace sur cette tarte.

_____

Note : /5 points

**16** **Complétez ces questions avec les relatifs composés et les prépositions qui conviennent.**

**1.** Connais-tu le médecin _____ elle va ?

**2.** Quel est le chirurgien _____ tu as été sauvé ?

**3.** Quelle est la clinique _____ vous avez été soigné ?

**4.** Comment s'appelle ce genre de canapé _____ tu es assis ?

**5.** Les semaines, _____ tu as été malade, t'ont certainement paru bien longues ?

Note : /5 points

TOTAL : /10 points

**17** **Reliez les éléments pour en faire des phrases.**

                         • **a.** à l'entrée de laquelle nous avons rendez-vous.

**1.** Les monuments, •         • **b.** au moyen duquel nous sommes allés au

      **2.** Le fleuve, •           château de Versailles, ne circule pas l'hiver.

**3.** Je connais l'église •     • **c.** en face desquels vous vous trouvez,

    **4.** Les mosaïques, •        datent du xvi^e siècle.

        **5.** Le bus, •     • **d.** près desquelles vous marchez, sont romaines.

                         • **e.** au bord duquel nous nous promenons,

                            se nomme la Seine.

Note: /5 points

**18** **Complétez avec les relatifs *duquel, de laquelle, desquels* ou *desquelles* et les prépositions suivantes :**

    *À l'occasion de • au menu de • à côté de • auprès de • à l'intérieur de*

**1.** Voici des brochures _____ vous trouverez toutes les informations nécessaires.

**2.** Nous avons rencontré le responsable _____ nous nous sommes plaints.

**3.** Elle est allée à un festival _____ on lui a décerné le prix de la meilleure actrice.

**4.** J'ai invité tes parents _____ tu seras placé à table.

**5.** Je déjeune souvent dans une brasserie _____ il y a toujours d'excellents fruits de mer.

Note: /5 points

**19** **Complétez avec les relatifs *dont* ou *duquel*.**

**1.** Il a acheté une vieille maison _____ il est très fier.

**2.** Voici le dictionnaire à l'aide _____ j'ai traduit cette phrase.

**3.** Mes enfants ont vendu leur voiture _____ ils étaient mécontents.

**4.** Montrez-moi l'exercice à cause _____ vous n'avez pas eu la moyenne.

**5.** Il me semble que le bus, _____ les portes sont ouvertes, part dans 2 minutes.

Note: /5 points

TOTAL: /15 points

# 2 Les pronoms personnels compléments

**1** **Cochez ce que remplace les pronoms compléments *le, la, l', les*.**

**1.** Je le commande.

de la marchandise ☐         le produit ☐         les jouets ☐

**2.** Tu les augmentes ?

les prix ☐         des salaires ☐         la production ☐

**3.** Vous l'engagez ?

du personnel ☐         aux stagiaires ☐         le jeune commercial ☐

**4.** Nous la licencions.

la réceptionniste ☐         à la secrétaire ☐         le projet ☐

**5.** Je le dirige.

la réunion ☐         les entreprises ☐         le personnel ☐

Note:     /5 points

**2** **Trouvez les questions à ces réponses en imaginant ce que les pronoms remplacent (attention aux accords des participes passés).**

**1.** _____ – Oui, je les ai achetées.

**2.** _____ – Oui, je l'ai prise.

**3.** _____ – Non, nous ne l'avons pas choisi.

**4.** _____ – Oui, ils le prennent.

**5.** _____ – Non, elles ne les ont pas commandés.

Note:     /5 points

**3** **Complétez avec les pronoms manquants.**

**1.** Tes parents _____ photographient lorsque tu donnes des concerts ?

**2.** Vos voisins _____ entendent dès que vous parlez un peu fort.

**3.** Je déteste les gens qui _____ regardent fixement quand je rentre dans un lieu.

**4.** Nous adorons lorsque nos enfants viennent _____ embrasser le matin à notre réveil.

**5.** Mes amis _____ emmène avec eux à la mer, quand je n'ai pas le moral.

Note : /5 points

TOTAL : /15 points

**4** **Reliez les questions et les réponses.**

1. Ils parlent à leurs voisins ? •   • **a.** Oui, je lui écris très souvent.

2. Tu as des nouvelles d'Isabelle ? •   • **b.** Non, ils ne leur adressent pas la parole.

3. Vous aidez votre grand-mère ? •   • **c.** Oui, elles leur téléphonent chaque soir.

4. Elles appellent leur fiancé ? •   • **d.** On lui rend service de temps en temps.

5. On achète des fleurs à Michèle ? •   • **e.** Oui, ça lui fera plaisir.

Note : /5 points

**5** **Complétez ces réponses avec *me, te, lui, nous* ou *vous*.**

**1.** À qui ressemble-t-elle ?

– Les gens disent qu'elle _____ ressemble lorsque j'avais 20 ans.

**2.** À qui offre-t-il ce foulard ?

– À sa mère. Il _____ offre du parfum d'habitude.

**3.** À qui sourit-elle ?

– Elle _____ sourit car tu lui plais.

**4.** À qui demandez-vous de partir ?

– Je _____ demande de partir car vous m'avez offensé.

**5.** À qui souhaite-t-il la bonne année ?

– Il _____ souhaite la bonne année car nous l'avons appelé pour Noël.

Note : /5 points

**6** **Complétez avec *lui* ou *le/l'* qui remplacent des personnes.**

**1.** Tu _____ punis ? – Non, je _____ explique.

**2.** Je _____ plains. – Moi, je _____ comprends.

**3.** Tu _____ pardonnes ? – Non, je _____ en veux.

**4.** Il _____ remercie ? – Oui et il _____ applaudit.

**5.** Elle _____ ment ? – Bien sûr et elle _____ insulte.

Note : /5 points

TOTAL : /15 points

**7** Rédigez une question correspondant aux réponses en remplaçant le pronom *en* par des noms.

1. _____ – Non, merci. Je n'en veux qu'un.

2. _____ – Oui, il en a servi à tout le monde.

3 _____ – Oui, il y en a beaucoup.

4. _____ – Non, je n'en ai pas pris.

5. _____ – Oui, ils en ont acheté une douzaine.

*Note :* /5 points

**8** Imaginez ce que remplace *en* dans les phrases suivantes.

**1.** Elle s'en désintéresse complètement. _____

**2.** Pendant son absence, j'en joue tous les jours. _____

**3.** Mais il en sort ! _____

**4.** Vous en souvenez-vous ? _____

**5.** Elle en revient tout juste. _____

*Note :* /5 points

**9** Complétez avec les pronoms manquants (sans oublier la préposition qui convient).

**1.** Pierre et Elisabeth n'ont pas d'accent. C'est regrettable que vous vous

moquiez _____ !

**2.** Arthur est déçu que tu n'aies pas réussi à parler _____ .

**3.** Depuis qu'elle est partie, je m'ennuie _____ .

**4.** Mes filles sont souffrantes. Pouvez-vous vous occuper _____ ?

**5.** Voyons, il ne t'aime plus ! Il voudrait se débarrasser _____ .

*Note :* /5 points

*TOTAL :* /15 points

**10** **Transformez les phrases suivantes en utilisant le pronom y.**

**1.** Catherine s'est rendue plusieurs fois en Afrique du Sud.

_____

**2.** Lui a-t-il promis d'aller chez ses parents ?

_____

**3.** Dors-tu dans un hamac ?

_____

**4.** Elle ne s'est pas installée récemment aux États-Unis.

_____

**5.** Je ne retourne pas dans mon pays tous les ans.

_____

Note : /5 points

**11** **Cochez ce que remplace y.**

**1.** Nous y jouons en famille.

du violon ☐       au scrabble ☐       au sport ☐

**2.** J'y pense de plus en plus.

à ma mère ☐       à mes vacances ☐       de ce film ☐

**3.** Vous vous y êtes habitués facilement ?

à votre chien ☐       à votre nouveau  travail ☐       à votre nouveau  patron ☐

**4.** Vous y croyez difficilement.

à cette invitation ☐       Alain ☐       aux voisins ☐

**5.** Je n'y ai pas renoncé.

à ma famille ☐       à mon héritage ☐       à mes enfants ☐

Note : /5 points

**12** **Répondez à la question en utilisant des pronoms.**

**1.** Tu feras attention à tes cousins ?

– Oui, _____

**2.** Vous penserez à votre femme ?

– Oui, _____

**3.** Il se confie à son ami ?

– Non, _____

**4.** Elle tient beaucoup à ses sœurs ?

– Oui, _____

**5.** Ils se sont adressés à Christophe ?

– Non, _____

Note : /5 points

TOTAL : /15 points

**13** **Répondez aux questions en utilisant *lui, leur* ou *à lui, à eux*, à la forme affirmative ou négative.**

**1.** La secrétaire s'intéresse au comptable ?

– Non, _____ .

**2.** Le fils du patron succédera à son père ?

– Oui, _____ .

**3.** Ils obéissent à leurs chefs ?

– Oui, _____ .

**4.** Tu as eu affaire aux dirigeants de la société Rix ?

– Non, _____ .

**5.** Vous avez rendu visite à vos collègues malades.

– Oui, _____ .

Note: /5 points

**14** **Complétez les réponses avec *y, lui* ou *à lui*.**

**1.** Thomas, tu as répondu à ton ami anglais ?

– Oui, _____ .

**2.** Chéri, tu permets à ton fils de prendre la voiture ?

– Oui, _____ .

**3.** Mathieu, tu as répondu aux vœux de ton cousin ?

– Oui, _____ .

**4.** Marc, tu t'es opposé à ton directeur?

– Oui, _____ .

**5.** Sophie, tu as réfléchi à ma proposition ?

– Oui, _____ .

Note: /5 points

**15** Employez *en, de lui* ou *d'eux* en répondant affirmativement ou négative-
ment aux questions.

**1.** Ils se souviennent de leurs élèves ?

– Non, _____ .

**2.** Elle se doutait de sa nomination ?

– Non, _____ .

**3.** Il s'est aperçu de vos erreurs rapidement ?

– Oui, _____ .

**4.** Il parle de son futur poste?

– Non, _____ .

**5.** Tu te plains de ton professeur ?

– Oui, _____ .

Note: /5 points

TOTAL: /15 points

**16** **Transformez les phrases suivantes en remplaçant les mots soulignés par les pronoms neutres _le/l'_, _en_ ou _y_.**

**1.** Il est ravi d'avoir passé 3 semaines de stage dans ce laboratoire.

_____

**2.** Il a dit que les dates des examens oraux seraient affichées demain.

_____

**3.** Nous songeons à passer les fêtes de fin d'année en Nouvelle Zélande.

_____

**4.** Nous demanderons qui sera nommé à ce poste de chercheur.

_____

**5.** Ils ne tiennent pas à inviter leurs voisins à cette soirée.

_____

Note: /5 points

**17** **Rédigez les questions correspondant aux réponses en remplaçant les pronoms neutres par un groupe de mots.**

**1.** _____

– Oui, il en a l'habitude.

**2.** _____

– Oui, il y est habitué.

**3.** _____

– Non, nous ne l'avons pas annoncé.

**4.** _____

– Oui, nous en avons envie.

**5.** _____

– Non, je n'y ai pas pensé.

Note: /5 points

TOTAL: /10 points

**18** **Transformez les phrases en remplaçant les mots soulignés par deux pronoms.**

**1.** Vous donnez les horaires des trains au voyageur.

_____

**2.** Vous n'indiquez pas la route aux touristes étrangers.

_____

**3.** Il ne montre pas les chambres de l'hôtel aux vacanciers.

_____

**4.** La réceptionniste précise le prix de la demi-pension à la cliente.

_____

**5.** J'appelle l'ascenseur à ces messieurs et à ces dames.

_____

Note : /5 points

**19** **Répondez en utilisant les doubles pronoms.**

**1.** Vous pouvez me donner vos nouveaux tarifs ?

– Oui madame, je _____ donne tout de suite.

**2.** Le magasin vous envoie le catalogue ?

– Non, il ne _____ envoie pas systématiquement.

**3.** La vendeuse vous a montré nos derniers modèles ?

– Oui, elle _____ a montrés.

**4.** Gilles, tu peux me prendre cette robe, là-bas ?

– Oui, je _____ prends.

**5.** Votre mari vous a expliqué la notice ?

– Non, il ne _____ a pas expliquée.

Note : /5 points

TOTAL : /10 points

**20** **Pour chaque phrase, cochez les deux bonnes réponses : l'une à la forme affirmative et l'autre à la forme négative (avec l'impératif).**

**1.** Répare ma voiture.

Répare la-lui. ☐     Ne la lui répare pas. ☐     Répare-la. ☐     Ne la répare pas. ☐

**2.** Changez-moi les pneus.

Changez-les-moi. ☐          Ne me les changez pas. ☐

Changez-en. ☐          N'en changez pas. ☐

**3.** Téléphone au mécanicien.

Téléphone-lui. ☐          Ne lui téléphone pas. ☐

Téléphone-leur. ☐          Ne leur téléphone pas. ☐

**4.** Parle des freins.

Parle-leur. ☐     Ne leur parle pas. ☐     Parles-en. ☐     N'en parle pas. ☐

**5.** Faites attention à ce garagiste.

Faites-y attention. ☐          N'y faites pas attention. ☐

Faites attention à lui. ☐          Ne faites pas attention à lui. ☐

Note :  /5 points

**21** **Remplacez les mots soulignés par un pronom complément avec le futur proche.**

**1.** Tu vas emmener <u>ton frère</u> <u>chez le coiffeur</u>.

_____

**2.** Elle ne va pas faire peur <u>aux enfants</u>.

_____

**3.** Il ne va pas s'attaquer à <u>son patron</u>.

_____

**4.** On va prêter <u>notre appartement</u> <u>à Louise</u>.

_____

**5.** Nous n'allons pas envoyer <u>de cartes postales</u>.

_____

Note :  /5 points

**22** **Remettez les phrases dans l'ordre.**

   **1.** pouvons – ne – lui – pas – en – nous – donner

_____

   **2.** n' – dire – pas – osez – le – vous – leur

_____

   **3.** d' – pas – n' – peur – ayez – eux

_____

   **4.** veux – pas – t' – rapporter – en – je – ne

_____

   **5.** plus – à – ne – pense – elle

_____

Note: /5 points

TOTAL: /15 points

# 3 Le futur

**1** **Soulignez les verbes qui sont au futur proche.**

**1.** Nous allons assister à une lutte passionnante entre deux grands champions.

**2.** Les joueurs vont entrer sur le terrain.

**3.** Le n°10 évite un adversaire, puis choisit le meilleur angle de tir et

frappe la balle.

**4.** Va-t-il réussir à franchir le milieu du terrain ?

**5.** Le capitaine de l'équipe va droit au but.

**6.** Vous allez gagner ce match ?

**7.** Nous allons bien fêter cette victoire.

Note :  /5 points

**2** **Transformez les phrases suivantes en utilisant le futur proche ou le présent.**

**1.** L'avion va décoller dans 10 minutes.

_____

**2.** Le paquebot, qui traverse l'Atlantique, fait quelques escales.

_____

**3.** Ils utilisent toutes sortes de moyens de transport.

_____

**4.** Vous allez faire le tour du monde à moto !

_____

**5.** Je vais bientôt naviguer avec un nouveau coéquipier.

_____

Note :  /5 points

TOTAL :  /10 points

**3** **Soulignez les verbes au futur.**

**1.** Anne qui a un an d'avance dans sa scolarité, passera son bac l'an prochain.

**2.** Son père pense qu'elle préparera le concours d'entrée à l'École centrale de Paris.

**3.** Elle est sûre que ses enfants n'échoueront pas à leurs examens.

**4.** On vous proposera un poste si vous soutenez votre thèse l'année prochaine.

**5.** Si vous suivez des études universitaires, vous quitterez votre ville ?

Note : /5 points

**4** **Écrivez les infinitifs des verbes au futur.**

**1.** Demain, une vague de froid s'installera sur la France.

_____

**2.** Ne t'en fais pas grand-mère, nous ne conduirons pas sur le verglas.

_____

**3.** Ailleurs, des averses se produiront dans toutes les régions.

_____

**4.** Vous attendrez la fin de la matinée pour échapper à la pluie.

_____

**5.** Quand connaîtras-tu les prévisions météorologiques pour la semaine prochaine ? _____

**6.** Je te paierai des bottes et un parapluie pour passer le week-end en Bretagne. _____

**7.** Il gèlera fortement dans les régions du Nord et de l'Est.

_____

**8.** Même par temps de pluie, vous ne vous ennuierez pas dans cette ville.

_____

**9.** Vous rejetterez sûrement sa proposition de voyage en Bolivie ?

_____

**10.** On emploiera un nouveau météorologue pour le programme météo.

_____

Note : /10 points

TOTAL : /15 points

**5** **Complétez les phrases en mettant les verbes entre parenthèses au futur.**

**1.** Nous _____ de l'aéroport de Nice-Côte d'Azur le dimanche 2 avril. (partir)

**2.** On _____ à 14 heures à Varsovie. (atterrir)

**3.** Vous _____ à l'hôtel Astoria au centre-ville. (dormir)

**4.** Tu _____ la visite du musée demain. (finir)

**5.** Les vacanciers _____ en boîte de nuit en fin de semaine. (sortir)

Note : /5 points

**6** **Soulignez les verbes au futur puis donnez leur infinitif.**

**1.** Il faudra que vous vous surpassiez pour cette place.

_____

**2.** Nous espérons que vous ferez preuve d'audace.

_____

**3.** Vous croyez que vous aurez assez d'énergie pour ce poste ?

_____

**4.** Je suis certaine que nous serons à la hauteur de la tâche.

_____

**5.** Vous y parviendrez parce que vous savez ce que vous voulez.

_____

**6.** Tu tiendras ta promesse si je renouvelle son contrat ?

_____

**7.** Il demande quand nous recevrons les candidats à ce poste.

_____

**8.** Vous dites qu'elles pourront prendre les bonnes décisions ?

_____

**9.** S'ils souhaitent postuler pour cet emploi, ils enverront un curriculum vitae.

_____

**10.** Rassurez-vous, il saura augmenter le chiffre d'affaires de cette entreprise.

_____

Note : /10 points

TOTAL : /15 points

**7** **Complétez ces 5 mesures pour sauver la Terre en mettant les verbes au futur.**

**1.** On _____ remplacer l'énergie nucléaire par des énergies propres. (devoir)

**2.** Nous _____ tous au travail en transports en commun. (aller)

**3.** Nous _____ les pays riches aider les pays pauvres. (voir)

**4.** On _____ protéger les animaux en voie de disparition et les espaces verts. (vouloir)

**5.** La Terre ne _____ pas si nous recyclons nos déchets. (mourir)

Note : /5 points

**8** **Expliquez à un ami, en utilisant des verbes au futur, la croisière que vous allez faire.**

**1.** 5 mai, 16 heures, départ du port de Marseille.

_____

**2.** 6 mai, arrivée à Gênes. Visite de la ville.

_____

**3.** 7 mai, départ de Gênes et arrivée à Naples à 17 heures. Dîner dans une petite trattoria.

_____

**4.** 8 mai, excursion au Vésuve et à Capri. 19 heures, départ pour la Sicile.

_____

**5.** 15 mai , retour à Marseille.

_____

Note : /5 points

**9** **Complétez cet horoscope en mettant les verbes entre parenthèses au futur.**

**1.** Avec le passage de Vénus dans votre signe et le bon aspect de Mars, vous

_____ de bons résultats dans votre vie sentimentale. (obtenir)

**2.** Ce ne _____ pourtant pas le moment rêvé pour prendre des

décisions importantes. (être)

**3.** Vous _____ de bonnes relations familiales. (avoir)

**4.** Le Scorpion et la Vierge _____ à votre rencontre pour établir de

nouveaux liens. (venir)

**5.** Vous _____ le fruit de votre travail en fin d'année. Patience !

(recueillir)

Note : /5 points

TOTAL : /15 points

**10** **Mettez les verbes au futur pour reconstituer deux extraits de chansons de Jacques Brel.**

*Ne me quitte pas*

**1.** Moi je t'_____ des perles de pluie (offrir)

Venues de pays où il ne pleut pas

**2.** Je _____ la terre jusqu'après ma mort (creuser)

Pour couvrir ton corps d'or et de lumière

**3.** Je _____ un domaine (faire)

**4.** Où l'amour _____ roi (être)

Où l'amour _____ loi (être)

**5.** Où tu _____ reine (être)

Ne me quitte pas. Ne me quitte pas. Ne me quitte pas.

*Madeleine*

**6.** Demain j'_____ Madeleine (attendre)

**7.** Je _____ du lilas (rapporter)

J'en _____ toute la semaine (rapporter)

**8.** Madeleine elle _____ ça (aimer)

Demain j'_____ Madeleine (attendre)

**9.** On _____ le tram trente-trois (prendre)

Pour manger des frites chez Eugène

Madeleine elle _____ ça ( aimer)

Note : /9 points

**11** **Mettez ces verbes au futur, à la 1ʳᵉ personne du singulier.**

**1.** courir _____ **2.** acquérir _____ **3.** mourir _____

**4.** prévenir _____ **5.** revoir _____ **6.** obtenir _____

Note : /6 points

TOTAL : /15 points

**12** **Soulignez le futur simple ou le futur proche, selon le cas.**

**1.** Et maintenant, vous – allez voir – verrez – une œuvre rarissime du XVIᵉ siècle.

**2.** Vous – allez envoyer – enverrez – cette facture demain.

**3.** Quand je – vais bien gagner – gagnerai bien – ma vie, j'achèterai un bel appartement.

**4.** Arrête ! Tu ne – vas pas commencer – commenceras pas – à te plaindre !

**5.** Il – va pleuvoir – pleuvra – demain sur tout le sud-est du pays.

Note :　/5 points

**13** **Mettez le futur simple ou le futur proche, selon le cas.**

**1.** J'ai une grande nouvelle à vous annoncer : je _____ (avoir) des jumeaux !

**2.** Pendant que nous _____ (préparer) le petit déjeuner tu _____ (aller) chercher les croissants.

**3.** Nous espérons que vous _____ (pouvoir) venir pour le mariage notre fils.

**4.** Ils _____ (changer) de lieu d'habitation, ainsi ils _____ (être) plus près de leur travail.

**5.** Maintenant tu _____ (dire) à la police tout ce que tu sais.

Note :　/5 points

**14** **Soulignez la bonne réponse.**

**1.** Je – vais t'aimer – t'aimerai – toute ma vie.

**2.** Il – va vous prévenir – vous préviendra – dès que possible.

**3.** Attends ! Je – vais t'aider – t'aiderai.

**4.** Je vois qu'avant la fin de l'année vous – allez faire – ferez – une rencontre qui changera votre vie.

**5.** Nous – allons déménager – déménagerons – à Lille et nous vous donnerons notre nouveau numéro de téléphone.

Note :　/5 points
TOTAL :　/15 points

**15** **Cochez les phrases qui expriment une condition.**

**1.** Il lui demande si elle pourra terminer ce travail. ☐

**2.** Je ne sais pas si je sortirai ce soir. ☐

**3.** Demain, s'il fait beau, nous passerons la journée à la plage. ☐

**4.** Tu n'arriveras pas en retard si tu pars maintenant. ☐

**5.** Si nous partons en vacances, nous irons au Mexique. ☐

**6.** Si vous venez cet été, nous vous ferons visiter la région. ☐

**7.** Elle lui téléphonera si elle a le temps. ☐

Note : /5 points

**16** **Reliez les éléments pour en faire des phrases.**

**1.** Si tu ne te sers pas de ta voiture, •       • **a.** je lui offrirai un casque.

**2.** S'il veut passer son permis bateau, •       • **b.** nous gagnerons 3 heures sur le trajet.

**3.** Si elle achète une moto, •       • **c.** je saurai les retrouver.

**4.** Si nous prenons l'avion, •       • **d.** tu pourras me la prêter demain soir ?

**5.** S'ils m'attendent à la gare, •       • **e.** il devra d'abord économiser un peu d'argent.

Note : /5 points

**17** **Complétez les phrases suivantes avec le futur simple ou le présent.**

**1.** Si tu _____ dans cette ville, nous changerons de circuit touristique. (s'ennuyer)

**2.** Si elles passent leur vacances en Normandie, les hôtels _____ confortables et bon marché. (être)

**3.** Si nous prenons un guide expérimenté, il _____ répondre à toutes nos questions. (savoir)

**4.** Tu apprécieras ce pays si tu _____ amateur d'histoire et de monuments anciens. (être)

**5.** Si je vais en France, je _____ les châteaux de la Loire. (voir)

Note : /5 points

TOTAL : /15 points

**18** **Soulignez les verbes au futur antérieur.**

**1.** Quand tu auras fini tes devoirs, tu pourras jouer dans le jardin.

**2.** Dès que je serai arrivé, je t'appellerai.

**3.** Que feras-tu lorsque tu auras obtenu ton bac ?

**4.** Quand il se sera endormi, nous vous rejoindrons.

**5.** Dès que j'aurai terminé mes études, je voyagerai dans de nombreux pays.

Note: /5 points

**19** **Cochez vrai ou faux.**

**1.** Le futur antérieur se forme avec l'auxiliaire *avoir* ou *être* au futur simple + le participe passé du verbe.                                                 vrai ☐   faux ☐

**2.** Il exprime une action postérieure à une autre dans le futur.   vrai ☐   faux ☐

Note: /2 points

**20** **Complétez les phrases suivantes en employant le futur antérieur et le futur simple des verbes entre parenthèses.**

**1.** Dès que nous _____ la grange, nous_____ notre salon. (démolir/agrandir)

**2.** Nous _____ de cette ville lorsque nous_____ de cette entreprise. (déménager/partir)

**3.** Quand ils _____ un emprunt, ils_____ une piscine. (faire/construire)

**4.** On _____ la totalité du prêt de la voiture dès qu'on _____ nos dettes auprès de tes parents. (rembourser/régler)

**5.** J' _____ une maison lorsque je _____ à vendre mon appartement. (acheter/parvenir)

**6.** Aussitôt qu'elle _____ ses examens, elle _____ dans une banque. (finir/travailler)

**7.** Quand tu _____ , tu _____ t'offrir ce voyage.
(épargner/pouvoir)

**8.** Vous _____ votre argent lorsque vous _____ .
(recevoir/s'inscrire)

Note: /8 points

TOTAL: /15 points

# 4 Le passé composé

**1** **Donnez les participes passés de ces verbes au présent.**

1. J'appelle l'hôtel. J'ai _____

2. J'envoie la note. J'ai _____

3. Il paie l'addition. Il a _____

4. Elle achète un souvenir. Elle a _____

5. Vous écoutez la météo. Vous avez _____

6. Nous oublions nos bagages. Nous avons _____

7. Tu feuillettes les brochures. Tu as _____

8. Ils appuient sur le bouton. Ils ont _____

*Note:* /8 points

**2** **Complétez avec la terminaison qui convient : -é ou -er.**

1. Allez-vous particip ____ à cette course ?

2. A-t-il travers ____ l'Atlantique en solitaire ?

3. Comment faites-vous pour navigu ____ avec ce mauvais temps ?

4. Pourquoi n'a-t-il pas nag ____ avec toi ce matin ?

5. Qui a rang ____ ma planche à voile ?

6. Pourquoi a-t-il quitt ____ le port de Marseille avant les autres concurrents ?

7. Il a fait répar ____ son bateau aux Baléares.

*Note:* /7 points

*TOTAL:* /15 points

**3** **Remplissez la grille avec les participes passés des verbes à trouver à l'aide des définitions.**

**1.** Il a dit des mensonges.

**2.** Elle a respiré l'odeur d'un parfum.

**3.** Tu as pris du poids.

**4.** Elle a été timide.

**5.** J'ai achevé mon travail.

**6.** Nous avons sélectionné un candidat.

Note : /6 points

**4** **Reliez les infinitifs à leur participe passé.**

**1.** être •        •**a.** vécu

**2.** vivre •        •**b.** su

**3.** croire •        •**c.** été

**4.** savoir •        •**d.** cru

**5.** avoir •        •**e.** eu

**6.** vouloir •        •**f.** lu

**7.** attendre •        •**g.** pu

**8.** lire •        •**h.** voulu

**9.** pouvoir •        •**i.** mis

**10.** mettre •        •**j.** attendu

Note : /5 points

**5** **Donnez les infinitifs des verbes au passé composé.**

**1.** Il a plu toute la journée. _____

**2.** Il m'a plu dès le premier regard. _____

**3.** Elle a dû s'en apercevoir. _____

**4.** Il a fallu la convaincre de partir. _____

Note : /4 points

TOTAL : /15 points

**6** **Soulignez ce qui convient.**

1. Quel sommet as-tu – gravir – gravi ?

2. Ils ont – découvert – découvrir – un bel endroit pour camper.

3. J'ai – voir – vu – un ours brun non loin d'ici.

4. Vous avez – pris – prendre – tout votre équipement de montagne ?

5. Avez-vous déjà – fait – faire – cette ascension ?

Note: /5 points

**7** **Trouvez le pronom sujet qui convient. (Parfois plusieurs possibilités.)**

1. _____ avons été.

2. _____ ont eu.

3. _____ ai eu.

4. _____ as été.

5. _____ a eu.

Note: /5 points

**8** **Complétez avec *être* ou *avoir* au passé composé.**

1. Vous n' _____ pas _____ peur de vous perdre ?

2. Ils _____ la visite de leurs parents.

3. Nous _____ ravis de vous revoir.

4. Tu n' _____ pas _____ froid avec ce pull ?

5. J' _____ inquiète toute la soirée.

Note: /5 points

TOTAL: /15 points

**9** **Complétez les phrases avec le passé composé des verbes entre parenthèses.**

**1.** Hier soir, j' _____ la porte de mon garage pour rentrer ma voiture. (ouvrir)

**2.** J' _____ des pas dans la chambre à l'étage. (entendre)

**3.** À quel moment vous _____ qu'il s'agissait de cambrioleurs ? (comprendre)

**4.** Nous _____ déjà des menaces par téléphone. (recevoir)

**5.** Les voleurs _____ par la fenêtre de la cuisine. (disparaître)

*Note:* /5 points

**10** **Faites des phrases au passé composé.**

**1.** D'habitude, je conduis de jour, mais cette nuit _____ de 2 h à 6 h du matin.

**2.** En général, il ne souffre pas de la chaleur, mais cet été _____ du soleil.

**3.** Habituellement, nous écrivons peu en vacances, mais cette année _____ plus de trente cartes postales.

**4.** Ils ne connaissent personne, mais cet hiver _____ beaucoup de monde.

**5.** D'habitude tu ne dis rien à ce sujet, mais hier _____ que tu en avais assez.

*Note:* /5 points

**11** **Reliez les éléments pour en faire des phrases.**

| | | |
|---|---|---|
| **1.** On • | • **A.** avons applaudi • | • **a.** son appartement. |
| **2.** Vous • | • **B.** a repeint • | • **b.** les clés de la voiture. |
| **3.** Nous • | • **C.** avez offert • | • **c.** les fortes chutes de neige. |
| **4.** Tu • | • **D.** ont craint • | • **d.** des fleurs à votre femme ? |
| **5.** Ils • | • **E.** as perdu • | • **e.** les conférenciers. |

*Note:* /5 points

*TOTAL:* /15 points

**12 Soulignez les verbes qui se conjuguent, en général, avec *être* au passé composé.**

rester – courir – partir – venir – agir – franchir – mourir – cueillir – naître – arriver – pétrir – bondir – tomber – passer – aller – marcher – obéir – fournir – grandir – devenir

Note: /5 points

**13 Mettez ces phrases au passé composé.**

**1.** Nous allons au marché ensemble. _____

**2.** Sophie retourne à l'école après deux semaines d'absence.

_____

**3.** Mes frères rentrent des États-Unis. _____

**4.** Elle monte dans sa chambre. _____

**5.** Je descends chercher du vin à la cave. _____

Note: /5 points

**14 Complétez le texte avec les verbes suivants au passé composé :**

*tomber • rester • retourner • aller • venir*

La première fois que ma fille _____ à Paris, elle y _____ un mois avec sa meilleure amie. Elles _____ amoureuses de deux jeunes Français. Depuis lors, ils _____ nous rendre visite et elles y _____ plusieurs fois.

Note: /5 points

TOTAL: /15 points

**15** **Complétez le texte avec les auxiliaires manquants.**

Pablo Picasso _____ né en Espagne, à Malaga, en 1881, dans une famille modeste. Pablo _____ su dessiner avant de savoir écrire. Il _____ entré à l'école des Beaux-Arts de Barcelone et _____ pris le nom de sa mère : Picasso. Sa vie _____ été aussi mouvementée que son œuvre. Il _____ vécu surtout en France, à Paris et dans le Midi, _____ eu plusieurs femmes, des enfants, des maisons et, surtout, il _____ travaillé toute sa vie. Dès 1900, il _____ apparu comme un créateur original et _____ devenu célèbre presque tout de suite.

Note : /5 points

**16** *Avoir* ou *être* ? **Complétez.**

**1.** Tu n' _____ pas passé de bonnes vacances ?

**2.** Vous n' _____ pas sorti les bagages de la voiture ?

**3.** Nous _____ passés par Montpellier avant d'aller chez Paul.

**4.** Ils _____ rentré leur matériel de plongée ?

**5.** Michèle _____ descendu sa valise avec beaucoup de peine.

**6.** Je ne _____ pas rentrée en avion hier matin.

**7.** Il _____ retourné par la poste son billet d'avion car il y avait une erreur de date.

**8.** Nous _____ sortis tous les soirs avec nos amis.

**9.** Tu n' _____ pas descendu à l'hôtel cet été ?

**10.** Mes grands-parents _____ retournés s'installer en Auvergne.

Note : /10 points

TOTAL : /15 points

**17 Reliez les éléments pour en faire des phrases.**

1. Elle •                        • **a.** s'est arrêté de jouer du piano.

2. Nous •                      • **b.** me suis précipité à la première représentation de
                                   *La Tosca*.

3. Pierre •                   • **c.** s'est mise à la guitare pendant l'été.

4. Sylvie et Alain •       • **d.** ne nous sommes pas réunis pour répéter la fin
                                   du spectacle.

5. Je •                        • **e.** ne se sont pas retouvés devant l'entrée de l'opéra.

Note : /5 points

**18 Écrivez ces phrases au passé composé.**

1. Nous nous endormons tard. _____

2. Elles ne se couchent pas vers minuit. _____

3. Thierry ne se lève pas le premier. _____

4. Ma mère se repose en début d'après-midi. _____

5. Vous vous réveillez à quelle heure ? _____

Note : /5 points

**19 Mettez au passé composé les verbes pronominaux réciproques placés entre parenthèses.**

1. Ils _____ dès leur première rencontre. (s'aimer)

2. Nous _____ sur la place Saint-Marc. (se connaître)

3. Elles _____ le même jour. (se marier)

4. Vous _____ de vue pendant combien de temps ? (se perdre)

5. Nous _____ pour la première fois sur le pas de sa porte.
(s'embrasser)

Note : /5 points

TOTAL : /15 points

**20** **Reliez les éléments pour faire des phrases en tenant compte des accords des participes passés.**

1. Béatrice et Aline •  • **a.** est allée au cinéma à la séance de 18 heures.

2. Mes voisins •  • **b.** se sont assises au premier rang.

3. Nous •  • **c.** sommes arrivées à l'heure au théâtre.

4. Claudine et moi, •  • **d.** se sont ennuyés au spectacle de danse moderne.

5. Jacqueline •  • **e.** sommes parvenus à obtenir des places pour le concert des Stones.

Note: /5 points

**21** **Accordez les participes passés quand il y a lieu.**

**1.** Nous avons _____ (voir) les photos que nous avons _____ (prendre).

**2.** Tu as _____ (lire) les romans que j'ai _____ (emprunter) à la bibliothèque.

**3.** Ces lettres, on les a _____ (écrire) ensemble et on les a _____ (poster) à Paris.

**4.** Vous leur avez _____ (téléphoner) ou vous les avez _____ (rencontrer) ?

**5.** Il a _____ (faire) ses exercices et il les a _____ (expliquer) à sa camarade.

Note: /5 points

**22** **Remplacez le verbe à l'infinitif par un participe passé.**

**1.** Ils ne sont pas _____ (venir) nous voir car ils sont _____ (partir) en vacances.

**2.** Elle s'est _____ (laver) longuement puis, à nouveau, elle s'est _____ (laver) les mains.

**3.** Ces phrases, vous les avez _____ (traduire) ou vous en avez _____ (chercher) d'autres.

**4.** Je n'ai pas _____ (remarquer) les chaussures qu'il a _____ (acheter).

**5.** Elle ne lui a pas _____ (montrer) les boucles d'oreilles qu'elle s'est _____ (offrir).

Note: /5 points

TOTAL : /15 points

# 5 Les temps du passé

**1** Retrouvez, dans cette grille, 5 verbes du premier groupe conjugués à l'imparfait.

| I | N | D | I | Q | U | I | O | N | S |
|---|---|---|---|---|---|---|---|---|---|
| M | A | R | C | H | T | A | M | P | O |
| I | R | Q | O | L | I | C | D | T | R |
| T | S | T | U | V | L | H | L | C | T |
| A | D | O | R | A | I | T | A | T | I |
| I | O | N | C | U | S | R | V | F | R |
| E | N | T | A | R | A | I | E | H | I |
| N | T | O | M | B | I | E | Z | J | O |
| T | E | V | I | E | S | Z | M | K | N |
| T | E | N | T | E | R | I | O | N | S |

Note: /5 points

**2** Cochez vrai ou faux.

Pour former l'imparfait, on ajoute les terminaisons *-ais, -ais, -ait, -ions, -iez, -aient* au radical de la première personne du pluriel, au présent. vrai ☐ faux ☐

Note: /1 point

**3** Rayez les quatre intrus.

je mangeais – ils recommençaient – tu avançais – elle bavardait – il voyageait – nous rencontrions – vous donniez – j'annonçais – elles étudiaient – il effaçait – ils changeaient – tu obligeais

Note: /4 points

**4** **Complétez les questions d'histoire du devoir d'Olivier en utilisant l'imparfait.**

**1.** De quoi _____ composé l'essentiel de la nourriture de l'homme

des cavernes ? (être)

**2.** À l'aide de quoi l'homme des cavernes se _____ -il les épaules ?

(couvrir)

**3.** Avant de se réfugier dans les cavernes, où _____ les hommes ?

(vivre)

**4.** Quel _____ l'animal qu'ils _____ le plus ?

(être/redouter)

**5.** Que _____ -ils sur les parois de leur caverne ? (peindre)

Note: /5 points

TOTAL: /15 points

**5** Découvrez un extrait du roman de Marcel Pagnol, *La gloire de mon père.*
Mettez les verbes à l'imparfait.

J' _____ (approcher) de mes six ans, et j' _____ (aller) à l'école dans

la classe enfantine que _____ (diriger) Mademoiselle Guimard.

Mademoiselle Guimard _____ (être) très grande, avec une jolie petite

moustache brune, et quand elle _____ (parler) son nez _____

(remuer) : pourtant je la _____ (trouver) laide parce qu'elle _____

(avoir) de gros yeux bombés.

Note : /8 points

**6** Reliez les éléments pour en faire des phrases.

　　　　　　　　　　　　• **a.** gravissions une côte enneigée.

**1.** Les enfants •　　　• **b.** pétrissais entre tes mains une grosse boule de neige.

**2.** Un gamin •　　　• **c.** accouraient de toutes parts.

**3.** Tu •　　　• **d.** bondissais de joie à la vue des premiers flocons.

**4.** Julie et moi •　　　• **e.** glissait sur le lac gelé.

**5.** Vous •　　　• **f.** buvaient de grands bols de chocolat chaud.

　　　　　　　　　　　　• **g.** faisiez de beaux bonshommes de neige.

Note : /7 points

TOTAL : /15 points

**7** **Vous souvenez-vous de cette époque ? Complétez avec l'imparfait.**

**1.** Les femmes ne _____ (conduire) pas et _____ (faire) peu d'études supérieures.

**2.** On ne _____ (voir) pas de gens manger des sandwiches dans la rue à midi. Ils _____ (déjeuner) chez eux.

**3.** Nous n' _____ (avoir) pas autant de vacances et nous ne _____ (connaître) pas les sports d'hiver.

Note : /6 points

**8** **Faites des phrases en employant l'imparfait pour souligner le changement.**

**1.** Maintenant, je veux rester en France ; avant, je _____

_____

**2.** À présent, nous prenons le train ; auparavant, nous _____

_____

**3.** En ce moment, mon fils lit beaucoup ; l'année dernière, il _____

_____

**4.** Actuellement, vous écrivez un roman ; autrefois, vous _____

_____

Note : /4 points

**9** **Complétez les paroles de la chanson *Au bord de la mer*, de Michel Jonaz, à l'aide de l'imparfait.**

**1.** Alors on _____ les bateaux (regarder)

**2.** On _____ des glaces à l'eau (sucer)

**3.** Les palaces, les restaurants, on ne _____ que passer devant (faire)

Et on _____ les bateaux (regarder)

**4.** Le matin on _____ tôt (se réveiller)

**5.** Sur la plage pendant des heures on _____ de belles couleurs. (prendre)

Note : /5 points

TOTAL : /15 points

**10** **Rayez l'imparfait ou le passé composé.**

**1.** Petite, j'adorais/j'ai adoré me blottir dans les bras de mon père.

**2.** Tous les ans j'allais/je suis allé en Italie ; cette année, je vais en Espagne.

**3.** Rentriez-vous/Êtes-vous rentré en taxi hier soir ?

**4.** Je rencontrais/J'ai rencontré mon mari au cours d'un stage de tennis.

**5.** Nous arrivions/Nous sommes arrivés il y a quatre semaines.

Note : /5 points

**11** **Mettez les phrases suivantes au passé. Utilisez l'imparfait ou le passé composé.**

**1.** À cette époque-là, je _____ mal en classe. (travailler)

**2.** Voici le cours de mathématiques que tu me _____ la semaine dernière. (demander)

**3.** Tu _____ beaucoup quand tu _____ gamin ? (pleurer/être)

**4.** Un jour, ils _____ sur les bancs de l'université. (se revoir)

Note : /4 points

**12** **Répondez aux questions en tenant compte des temps : passé composé ou imparfait.**

**1.** Quand tu es entré dans la pièce,

**a.** qu'est-ce qui se passait ? _____

**b.** qu'est-ce qui s'est passé ? _____

**2.** Quand vous avez découvert la victime,

**a.** que faisiez-vous ? _____

**b.** qu'avez-vous fait ? _____

**3.** Quand elle a bu son café,

**a.** que voulait-elle ? _____

**b.** qu'a-t-elle voulu ? _____

Note : /6 points

TOTAL : /15 points

**13** **Mettez les verbes de ce texte au passé ou au présent, selon le cas.**

Depuis deux cents ans, la durée du temps de travail _____ (baisser)

de moitié. En effet, au début du XIXᵉ siècle, on _____ (travailler)

environ 3 200 heures par an pour 1 650 heures aujourd'hui. En 2003, 43 %

des Français _____ _____(être) considérés comme actifs. Les autres

_____ (être) retraités, sans emploi, en cours de formation ou

_____ (s'occuper) de leurs enfants.

Note : **/5 points**

**14** **Transformez ces phrases au passé.**

**1.** Hier, je passe chez Léa pour aller au cinéma. Elle n'est pas prête comme
d'habitude.

_____

**2.** Cette année, nous allons en Australie. Il y a des paysages et des animaux
extraordinaires.

_____

**3.** Je vois une pièce de théâtre. C'est sans intérêt.

_____

**4.** Les élèves organisent un pique-nique. Il fait un temps magnifique.

_____

**5.** À 5 heures, le réveil sonne. François dort profondément.

_____

**6.** Les enfants restent à la maison. Ils ont de la température.

_____

**7.** Vous ne vous occupez pas de ces affaires. Elles sont trop compliquées.

_____

Note : **/7 points**

**15** **Mettez ce mini-récit au passé.**

Nous sommes en vacances. Nous buvons un jus de fruits au bord de la piscine. Soudain, un petit garçon appelle au secours. Il se noie. Paul se jette à l'eau et le sauve.

_____

_____

_____

Note:    /3 points

TOTAL:    /15 points

**16** **Complétez les phrases en mettant les verbes entre parenthèses à l'imparfait ou au passé composé, selon la situation.**

**1.** Quand j'ai pris l'avion pour la première fois,

**a.** l'avion _____ atterrir à cause du brouillard. (ne pas pouvoir)

**b.** l'avion _____ Sophie Marceau à son bord. (avoir)

**2.** Quand elle a fini de remplir le formulaire,

**a.** l'employé _____ avec sa collègue. (être en train de bavarder)

**b.** l'employé lui _____ de fournir des justificatifs de domicile. (demander)

**3.** Quand nous sommes arrivés à l'hôpital,

**a.** les urgences _____ immédiatement notre fille en charge. (prendre)

**b.** les urgences _____ en grève. (être)

**4.** Quand l'accident a eu lieu,     **a.** ma femme _____ (dormir).

                                     **b.** ma femme _____ (sortir) voir.

**5.** Quand Marie s'est coupé le doigt,   **a.** elle _____ (éplucher) des légumes.

                                       **b.** elle _____ (se mettre) à hurler de douleur.     *Note:* /10 points

**17** **Mettez ce récit au passé.**

Je suis au jardin du Luxembourg. J'ai rendez-vous avec Thomas. Je savoure les premiers rayons du soleil. Soudain, une femme s'assoit sur le banc d'en face ; elle me regarde et me fait un signe de la main. Elle porte un déguisement de fée mais elle me semble bien trop grande pour une femme. En effet, quand elle me salue, je reconnais la voix de mon ami Thomas, le farceur.

_____

_____

_____

_____

*Note:* /5 points

*TOTAL:* /15 points

**18** **Cochez vrai ou faux.**

**1.** Le plus-que-parfait exprime une action passée récente.     vrai ☐    faux ☐

**2.** Il se forme avec l'auxiliaire *être* ou *avoir* à l'imparfait + le participe

passé                                              vrai ☐    faux ☐

*Note:* /2 points

**19** **Soulignez les verbes conjugués au plus-que-parfait puis complétez-les avec le pronom *tu* ou *vous*.**

_____ me l'as promis – _____ vous rencontriez – _____ me l'avais promis – _____ me le promets – _____ vous êtes rencontrés – _____ vous rencontrez – _____ me le promettras – _____ me le promettais – _____ vous étiez rencontrés – _____ vous rencontrerez – _____ me l'aurait promis – _____ vous seriez rencontrés

*Note:* /2 points

**20** **Mettez les verbes entre parenthèses au plus-que-parfait (attention à l'accord du participe passé).**

**1.** Nous avons dîné dans le restaurant que tu nous _____ (recommander).

**2.** J'ai trouvé une solution au problème que vous nous _____ (soumettre).

**3.** Maman s'inquiétait car mes frères _____ (ne pas rentrer).

**4.** Il était très tard mais elle _____ (ne pas se coucher).

**5.** Elle m'a rendu le service que je lui _____ (demander).

**6.** Vous m'avez rapporté les livres que je vous _____ (prêter) ?

**7.** Nous avons cru aux explications qu'il nous _____ (donner).

**8.** Quand je suis passé chez eux, ils _____ (déjà partir).

**9.** L'ambulance est arrivée trop tard elle _____ (déjà mourir).

**10.** Le professeur nous a punis car nous _____ (ne pas venir) en cours la veille.

**11.** Les ouvriers ont rangé les outils dont ils _____ (se servir).

*Note:* /11 points

*TOTAL:* /15 points

**21** **Mettez les verbes de ce texte au temps qui convient (imparfait, passé composé ou plus-que-parfait).**

Un jour, je _____ (recevoir) des nouvelles d'un éditeur parisien. Il me _____ (écrire) une longue lettre très encourageante. Il _____ (être) ravi car je _____ (choisir) sa maison d'édition qui _____ (rechercher) de nouveaux auteurs. Je _____ (se rendre) au rendez-vous qu'il me _____ (donner). Nous _____ (s'entretenir) de mon manuscrit et le livre _____ (paraître) quelques mois plus tard lorsque je _____ (finir) mon deuxième roman.

Note : /10 points

**22** **Soulignez les formes verbales qui conviennent pour compléter chaque phrase.**

**1.** À la soirée de Sylvie, il – revoyait – a revu – avait revu – des amis qu'il – rencontrait – a rencontrés – avait rencontrés – en Égypte.

**2.** Quand nous – étions – avons été – avions été – enfants, nous – allions – sommes allés – étions allés – en colonie de vacances tous les ans.

**3.** J' – oubliais – ai oublié – avais oublié – de prendre les papiers dont tu – avais – as eu – avais eu – besoin.

**4.** Marylin Monroe – avait – a eu – avait eu – 36 ans lorsqu'elle – mourait – est morte – était morte.

**5.** La police – arrêtait – a arrêté – avait arrêté – les voleurs qui – braquaient – ont braqué – avaient braqué – la banque Duval.

Note : /5 points

TOTAL : /15 points

# 6 Le conditionnel présent

**1** **Soulignez les verbes au conditionnel présent.**

**1.** S'il vous plaît, madame Bon, est-ce que vous pourriez adresser ce courrier au président du conseil régional ?

**2.** Nous développerons les secteurs de haute technologie.

**3.** Notre région deviendra un haut lieu de recherche et d'industrie.

**4.** Est-ce que je devrais m'installer dans les Alpes Maritimes ?

**5.** Nous aimerions vous soumettre notre projet le mois prochain.

**6.** Elle voudrait travailler dans le domaine de la recherche informatique.

**7.** Vous devriez rappelez plus tard.

Note : /5 points

**2** **En vous aidant des phrases de l'exercice 1, complétez la règle suivante :**

Le conditionnel présent se forme comme le _____ simple mais avec les terminaisons de l' _____ (-ais, -ais, -ait, -ions, -iez, -aient).

Note : /2 points

**3** **Cochez vrai ou faux.**

**1.** Le conditionnel peut exprimer un souhait. vrai ☐ faux ☐

**2.** On utilise le conditionnel pour proposer ou conseiller. vrai ☐ faux ☐

**3.** On l'utilise pour demander poliment. vrai ☐ faux ☐

Note : /3 points

**4** **Reliez les phrases aux données de droite.**

1. Est-ce que tu pourrais téléphoner à l'agence ? •

2. Excusez-moi, mademoiselle, je voudrais
un renseignement. •                     • **a.** demander poliment

3. On pourrait aller à la mer ce week-end. •   • **b.** exprimer un souhait

4. Je passerais bien une semaine à la montagne. •   • **c.** proposer

5. Ça te dirait un voyage au Kenya ? •

Note : /5 points

TOTAL : /15 points

**5** **Complétez en mettant les verbes entre parenthèses au conditionnel présent.**

1. Tu _____ acheter un billet aller-retour. (devoir)

2. Vous _____ voyager en train ou en avion ? (préférer)

3. Nous _____ faire une croisière dans les Caraïbes. (aimer)

4. _____-je vous conseiller un circuit touristique ? (pouvoir)

5. Ils ne _____ pas une autre compagnie aérienne ? (prendre)

6. On _____ être en vacances. (aimer)

Note : /6 points

**6** **Rayez ce qui ne convient pas (afin de choisir le conditionnel).**

1. J'irai/irais bien au cinéma ; pas toi ?

2. Il aurait/aura envie de voir cette pièce de théâtre.

3. Elles seraient/seront heureuses de vous offrir ces places de concert.

4. Tu préférais/préférerais un petit restaurant chinois ou italien ?

5. Nous devrions/devions organiser un programme de sorties pour nos amis.

Note : /5 points

**7** **Complétez les mots pour retrouver 4 verbes conjugués au conditionnel afin d'exprimer le souhait.**

1. SO – – AITER – – ENT          2. VO – – R – E –

3. A – M – R – – S          4. D É – I R – R – – T

Note : /4 points

TOTAL : /15 points

**8** **Retrouvez les infinitifs de ces verbes au conditionnel.**

**1.** Il vaudrait mieux poursuivre vos études jusqu'à votre majorité. _____

**2.** Vous devriez expliquer ce que vous avez l'intention de faire après votre diplôme. _____

**3.** Il faudrait tenter un concours d'entrer dans une grande école. _____

**4.** Vous feriez mieux de prendre des cours particuliers pour améliorer votre niveau. _____

**5.** Ce serait dommage d'échouer à votre examen. _____

Note : /5 points

**9** **Donnez des conseils en variant les formes, comme dans l'exercice 8, et en utilisant le conditionnel.**

**1.** Arriver à l'heure à votre premier rendez-vous. _____

**2.** Téléphoner pour vous décommander. _____

**3.** S'adresser de façon aimable au personnel. _____

**4.** Demander si la fumée ne gêne personne avant d'allumer votre cigarette.

_____

**5.** Faire des compliments sur la tenue vestimentaire de votre amie.

_____

Note : /5 points

**10** **Conseillez votre meilleur ami.**

**1.** Si j'étais toi, je _____ un peu plus chaque soir. (s'entraîner)

**2.** À ta place, je ne _____ pas le 100 mètres lors de cette rencontre sportive. (courir)

**3.** Il _____ préférable d'améliorer ta performance en natation. (être)

**4.** Si j'étais toi, je ne _____ pas tous ces matchs en province. (disputer)

**5.** À ta place, je ne _____ pas à ce record du monde. (s'intéresser)

Note : /5 points

TOTAL : /15 points

**11** **Formulez une demande polie en employant le conditionnel.**

**1.** Je veux une baguette, s'il vous plaît. _____

**2.** Vous savez où se trouve la pharmacie ? _____

**3.** Vous pouvez me prêter votre stylo, s'il vous plaît ? _____

**4.** Est-ce qu'il vous reste des sandwiches jambon-beurre ?

_____

**5.** Connaissez-vous la rue Paradis ? _____

*Note :* /5 points

**12** **Reliez les situations et les propositions correspondantes.**

**1.** Le ciel est bleu. •

**2.** Vous invitez vos amis. •

**3.** Il fait très chaud. •

**4.** Vous ne voulez pas aller seul au musée. •

**5.** Vous avez envie de faire du sport. •

• **a.** Tu ne prendrais pas un autre coca ?

• **b.** Ça te ferait plaisir d'aller manger au bord de l'eau ?

• **c.** Ça te plairait de m'accompagner à cette exposition ?

• **d.** Ça vous dirait de dîner à la maison ?

• **e.** Tu pourrais faire un tennis avec moi ?

*Note :* /5 points

TOTAL : /10 points

**13** **Reliez ces phrases aux données de droite.**

1. La maison dont je rêve serait sur une colline
et elle dominerait la mer. •

2. Si j'avais la possibilité de vivre à l'étranger,
j'irais au Brésil. •

       • **a.** hypothèse

3. Le Premier ministre rendrait visite
au Roi du Maroc le mois prochain. •

       • **b.** supposition

       • **c.** information non
confirmée

4. Au cas où vous passeriez à Lyon,
venez nous voir. •

       • **d.** expression de
l'imaginaire sur le présent

5. Si nous avions de l'argent,
on verrait disparaître tous nos problèmes •

Note : /5 points

**14** **Complétez les phrases suivantes selon les indications données.**

1. Dans deux mois, le président de la République _____.
(information non confirmée)

2. Si vous étiez en retard, nous _____. (hypothèse)

3. Téléphone-moi au cas où tu _____. (supposition)

4. Imagine : on _____. (expression de l'imaginaire)

5. Si vous faisiez du sport, vous _____. (hypothèse)

6. Au cas où je _____ , prends tes clés (supposition)

7. La semaine prochaine, le conseil des ministres _____.
(information non confirmée)

8. Mon rêve : nous _____. (expression de l'imaginaire)

9. Si je parlais français couramment, je _____. (hypothèse)

10. Achète-lui un pain au chocolat au cas où elle _____. (supposition)

Note : /10 points

TOTAL : /15 points

**15** **Reliez les éléments pour faire des hypothèses sur le présent.**

1. Si vous faisiez moins de bruit, •        • **a.** mes parents parcourraient le monde.

2. Si tu connaissais Venise, •        • **b.** nous pourrions acheter en ligne.

3. Si nous avions Internet, •        • **c.** Sophie le quitterait immédiatement.

4. S'ils étaient plus curieux, •        • **d.** le cours se déroulerait plus calmement.

5. Si elle le pouvait, •        • **e.** tu aimerais y retourner régulièrement.

Note : /5 points

**16** **Répondez aux questions.**

1. Si on vous offrait 15 minutes d'antenne à la télévision, qu'en feriez-vous ?

Si on m'offrait 15 minutes _____ .

_____

2. Si vous aviez un enfant aujourd'hui, de quel avenir rêveriez-vous pour lui ?

Si j'avais _____ .

_____

3. Si vous pouviez changer de profession, quel métier aimeriez-vous exercer ?

Si je pouvais _____ .

_____

4. Si vous étiez un dirigeant politique, quelle mesure prendriez-vous ?

Si j'étais _____ .

_____

5. Si vous changiez de pays, où iriez-vous ?

Si je changeais _____ .

_____

Note : /5 points

TOTAL : /10 points

**17** Racontez à votre ami ce que vous a dit l'employé de l'agence de voyages. Utilisez le conditionnel présent.

**1.** Vous visiterez Manhattan et ses buildings. Il a dit que nous _____
_____ .

**2.** Vous découvrirez le musée Guggenheim. Il a dit aussi que nous _____
_____ .

**3.** Vous ferez un tour en hélicoptère. Il m'a dit qu'on _____
_____ .

**4.** Vous verrez un spectacle à Broadway. Il m'a même dit que nous _____
_____ .

**5.** Vous irez aux chutes du Niagara. Et pour finir, il a dit qu'on _____
_____ .

Note : /5 points

**18** Rapportez ces propos.

**1.** "Je téléphonerai plus tard." Il a précisé qu'il _____ .

**2.** "Je t'écrirai souvent." Il a promis qu'il _____ .

**3.** "Nous t'enverrons des nouvelles." Ils ont dit qu'ils _____ .

**4.** "Tu recevras une longue lettre." Il a répété que je _____ .

**5.** "Elles communiqueront par mail " Il a répondu qu'elles _____ .

Note : /5 points

**19** Reliez les éléments pour en faire des phrases.

**1.** La maison n'est pas éclairée ; •    • **a.** on dirait que tu es malade.

**2.** Elle fait plus jeune que son âge ; •    • **b.** on dirait qu'il n'y a personne.

**3.** Tu as mauvaise mine ; •    • **c.** on dirait qu'il a grandi.

**4.** Votre fils a changé ; •    • **d.** on dirait qu'elle a 10 ans de moins.

**5.** Le ciel s'assombrit ; •    • **e.** on dirait qu'il va pleuvoir.

Note : /5 points

TOTAL : /15 points

**20** **Complétez les phrases suivantes selon les indications données.**

**1.** Laurent a un petit frère ; _____ (désir)

_____

**2.** Nous sommes perdus ; _____ (politesse)

_____

**3.** Ce matin, à la radio, on a dit que _____ (futur dans le passé).

**4.** Les sénateurs _____ (information non confirmée).

_____

**5.** Si tu m'écrivais plus souvent, _____ (hypothèse).

_____

**6.** Au cas où _____ (supposition).

_____

**7.** La directrice a précisé que _____ (futur dans le passé).

**8.** Marie n'aime pas les grandes villes ; _____ (désir)

**9.** Tu as grossi ; _____ (conseil)

_____

**10.** J'ai envie d'aller au cinéma ; _____ (proposition)

Note : /10 points

**21** **Reliez les deux colonnes pour en faire des phrases.**

                       • **a.** toi, tu serais la maman et on serait à la

**1.** Si vous gagniez au loto, •    maison...

        **2.** Il faudrait •    • **b.** manger une bonne pizza ?

**3.** Moi, je serais le papa et •    • **c.** comment rêveriez-vous de dépenser

**4.** La météo a annoncé que •      votre argent ?

      **5.** Ça vous dirait de •    • **d.** inviter les Durant à dîner.

                       • **e.** la neige disparaîtrait prochainement.

Note : /5 points
TOTAL : /15 points

# 7 Le discours rapporté

**1** **Soulignez les phrases qui sont au style indirect.**

**1.** Excusez-moi, ma secrétaire me rappelle que j'ai un rendez-vous.

**2.** Vous savez pourquoi il convoque ses assistants ?

**3.** La maison que vous représentez nous semble digne de confiance.

**4.** Il dit que vous vous connaissez.

**5.** Elle demande pourquoi vous ne pouvez pas la recevoir.

**6.** Quand signons-nous ce contrat ?

**7.** Nous nous demandons ce que vous pouvez nous proposer.

**8.** Qu'est-ce que vous en pensez ?

**9.** Il me dit qu'il ne peut pas assister à la réunion.

Note : /5 points

**2** **Lisez les phrases suivantes, puis dites si les verbes servent à rapporter une affirmation, une opinion, une question ou un ordre.**

**1.** M. Naudin déclare qu'il n'a jamais travaillé pour cette entreprise. _____

**2.** Le chef de l'opposition réplique que son parti n'a rien à se reprocher. _____

**3.** Le professeur nous demande de sortir en silence. _____

**4.** Mes parents pensent que nous serons heureux dans cette maison. _____

**5.** Monsieur le juge cherche à savoir si l'accusé était en relation avec la victime.

_____

**6.** Il trouve que votre travail est très intéressant. _____

**7.** Le commissaire nous prie d'abandonner nos recherches. _____

**8.** Il te demande si tu parles russe couramment. _____

**9.** M. et Mme Caron affirment qu'ils ignorent tout de l'affaire. _____

**10.** Le médecin m'interdit de fumer. _____

Note : /10 points

TOTAL : /15 points

**3** **Que disent-ils ? Rapportez les phrases.**

**1.** Brigitte dit : "Je ne me sens pas bien".

Elle dit que _____ .

**2.** Le docteur répond : "Je vous prescris un nouveau traitement."

_____

**3.** Le radiologue explique : "Vous avez une fracture du tibia."

_____

**4.** Les infirmières remarquent : "Le petit Paul est un patient très gentil."

_____

**5.** La malade annonce : "Je sors de l'hôpital demain."

_____

Note : /5 points

**4** **Transposez ces questions au style indirect.**

**1.** Est-ce qu'il a consulté un cardiologue ?

Il _____ .

**2.** Qu'est-ce que vous avez  pris comme médicaments ?

Elle _____ .

**3.** Est-ce que mon alimentation est trop riche ?

Il _____ .

**4.** Pourquoi fais-tu la queue ?

Il _____ .

**5.** Combien coûte-t-il ?

Elles _____ .

Note : /5 points

TOTAL : /10 points

**5 Mettez au discours rapporté.**

**1.** La bibliothécaire demande aux élèves : "Rapportez vos livres lundi."

_____

**2.** Le chef de rayon me dit : "Envoyez immédiatement le fax à Tokyo."

_____

**3.** Le vendeur nous conseille : "Repassez la semaine prochaine."

_____

**4.** L'agent de police m'ordonne : "Montrez-moi vos papiers."

_____

**5.** Le professeur lui recommande : "Lis les écrivains du XIX<sup>e</sup> siècle."

_____

Note :  /5 points

**6 Transformez ces phrases au discours direct.**

**1.** Mon père m'interdit de sortir pendant la semaine.

_____

**2.** La mère dit au petit garçon de ne pas traîner sur le chemin de l'école.

_____

**3.** Le médecin conseille à son patient de ne pas faire de sport pendant quelques jours.

_____

**4.** La radio conseille de ne pas prendre l'autoroute A7 jusqu'à 21 heures.

_____

**5.** L'entraîneur demande au skieur de faire attention aux premières portes de la course.

_____

Note :  /5 points

TOTAL :  /10 points

**7** Reliez les différents éléments pour retrouver les verbes et les propos du discours rapporté.

1. Nous nous demandons si •          • **a.** l'aider à perdre du poids.

2. Il répond qu' •          • **b.** vous faites pour garder la ligne.

3. Pierre nous demande de •          • **c.** vos produits diététiques sont efficaces.

4. Ils veulent savoir comment •          • **d.** vous faites comme régime.

5. Il demande ce que •          • **e.** il consulte un nutritionniste.

*Note:* /5 points

**8** Mettez au discours indirect.

**1.** " Marc, as-tu les horaires des trains pour Menton et peux-tu me donner le numéro de téléphone de la gare ? " Que demande Paul à Marc ?

_____

_____

**2.** " J'aurai des rendez-vous toute la matinée et je repasserai au bureau à 14 h." Que dit M. Moulin à sa secrétaire ? _____

_____

**3.** " Arrête de pleurer et mange ta soupe." Que dit ce papa à son petit garçon ?

_____

**4.** " Comment vous appelez-vous et que faites-vous dans la vie ? " Que demande ce policier à un témoin ? _____

_____

**5.** " Prends la carte routière et mets la valise dans la voiture." Que demande Béatrice à Franck ? _____

_____

*Note:* /5 points

*TOTAL:* /10 points

**9** **Reliez les phrases aux données de droite pour indiquer si les propos rapportent des faits passés, simultanés ou à venir.**

**1.** Il a expliqué qu'il était en retard à cause des embouteillages. •

**2.** Elle nous a dit qu'elle passerait les grandes vacances avec nous. •

• **a.** présent

• **b.** futur

**3.** Il m'a demandé si j'étais allée à l'hôpital. •

• **c.** passé

**4.** Elle m'a dit qu'elle avait terminé. •

**5.** Il m'a répondu qu'il habitait toujours à Rennes. •

Note : /5 points

**10** **Transposez les phrases suivantes du discours direct au discours indirect.**

**1.** Il a déclaré : "C'est bizarre. Habituellement, mon employé me prévient quand il ne vient pas." _____

_____

**2.** La mère a promis à sa petite fille : "Je vais t'acheter un vélo pour ton anniversaire et ton père va t'accompagner au parc Astérix."

_____

_____

**3.** Le vendeur m'a expliqué : "Il faut tout simplement inverser les fiches et je dois changer les piles." _____

_____

**4.** Elle a répété : "Je ne veux pas aller à l'école parce que je n'aime pas ma maîtresse." _____

_____

**5.** Je lui ai dit : "Tu as de beaux yeux et tu es très jolie."

_____

_____

Note : /5 points
TOTAL : /10 points

**11** **Trouvez ce qui a été dit au style direct.**

1. Il m'a dit au téléphone qu'il était rentré de voyage la semaine dernière.

_____

2. Les informations ont dit qu'il y avait eu un tremblement de terre au Mexique.

_____

3. La météo a annoncé qu'il avait plu toute la nuit.

_____

4. Madame Vidal m'a demandé si j'avais envoyé le courrier.

_____

5. Elle a cherché à savoir pourquoi nous n'étions pas venues à la réunion.

_____

Note : /5 points

**12** **Transposez au discours rapporté les questions du policier.**

1. Qu'est-ce que vous avez fait le 16 août entre 15 h et 21 h ?

_____

2. Avec qui avez-vous passé la soirée ?

_____

3. Par où êtes-vous passé pour rentrer chez vous ?

_____

4. Combien de temps êtes-vous resté chez votre ami ?

_____

5. Quel bus avez-vous pris ?

_____

Note : /5 points

TOTAL : /10 points

**13** **Reliez les éléments pour en faire des phrases au discours indirect.**

- **a.** il serait absent toute la semaine prochaine.

**1.** Il  pense que/qu' •    • **b.** elle sera capable de le faire.

**2.** Il vous a prévenu que/qu' •    • **c.** nous n'arriverions pas avant 20 h.

- **d.** vous saurez vous occuper de ce travail.

- **e.** les ouvriers repasseraient dans deux jours.

Note:  /5 points

**14** **Complétez les phrases suivantes du discours indirect au présent ou au passé.**

**1.** Il a dit qu'elle terminerait plus tard.

Il dit qu' _____ .

**2.** Elle me demande ce que je ferai à sa place.

Elle m'a demandé ce que _____ .

**3.** Je me suis dit qu'il y aurait un livre qui lui plairait.

Je me dis qu' _____ .

**4.** Ils m'ont appris qu'ils se marieraient bientôt.

Ils m'apprennent qu' _____ .

**5.** Vous me demandez si M. Lecor aimerait vous voir.

Vous m'avez demandé si _____ .

Note:  /5 points

TOTAL:  /10 points

**15** **Transformez ce dialogue entre une secrétaire et son directeur, M. Chenet, en employant le discours rapporté dans le passé.**

**1.** – Mademoiselle Petitjean, réservez-moi une place dans le TGV de 14 h 02 pour Valence. Appelez aussi M. Brun pour lui fixer un rendez-vous.

_____

_____

**2.** – Dois-je lui dire de préparer la réunion du 15 ?

_____

_____

**3.** – Non, je lui en ai déjà parlé.

_____

_____

**4.** – Je vous tiendrai au courant pour le projet _Prodimode_ durant votre absence.

_____

_____

**5.** – C'est parfait. Je descendrai à l'hôtel Belle Vue, j'y ai retenu une chambre.

_____

_____

Note : **/5 points**

**16** **Reliez les phrases du discours direct à celles du discours indirect.**

| | |
|---|---|
| **1.** Tu travailles mieux. • | • **a.** Elle m'a dit que je travaillais mieux. |
| **2.** Tu travailleras mieux. • | • **b.** Elle m'a dit de mieux travailler. |
| **3.** Tu as mieux travaillé. • | • **c.** Elle m'a dit que je travaillerais mieux. |
| **4.** Travaille mieux. • | • **d.** Elle m'a dit que j'avais mieux travaillé. |
| **5.** Tu travaillais mieux. • | |

Note : **/5 points**

TOTAL : **/10 points**

# 8 L'hypothèse

**1** **Cochez les phrases qui expriment une hypothèse.**

**1.** Si tu viens demain, nous irons te chercher à la gare. ☐

**2.** Je te téléphonerai si le train a du retard. ☐

**3.** Il demande si vous pourrez l'accompagner à l'aéroport. ☐

**4.** Je ne sais pas si elle voudra voyager avec toi. ☐

**5.** S'il fait beau, nous ferons une promenade en bateau. ☐

**6.** Nous jouerons au tennis si le temps le permet. ☐

**7.** Si tu m'invites, je te ferai un gâteau au chocolat. ☐

*Note :* /5 points

**2** *Quand* **ou** *si* **? Soulignez ce qui convient.**

**1.** Quand – Si  je la verrai, je lui dirai.

**2.** Quand – Si  je le rencontre, je le préviendrai.

**3.** Quand – Si  vous aurez le temps, vous le ferez ?

**4.** Quand – Si  elle désire le contacter, elle le trouvera dans son bureau.

**5.** Quand – Si  nous reviendrons, nous en discuterons.

*Note :* /5 points

**3** **Rayez ce qui ne convient pas.**

**1.** Si/S' elle refuse ce poste, elle n'aura plus de promotion.

**2.** Si/S' il accepte cette mutation, il changera de cadre de vie.

**3.** Si/S' on réussit à cet examen, on s'inscrira dans la meilleure école de commerce.

**4.** Si/S' ils ont leur bac cette année, nous leur offrirons des vacances en Californie.

**5.** Si/S'elles choisissent de rester dans la région, vous leur louerez un appartement ?

*Note :* /5 points

*TOTAL :* /15 points

**4** **Reliez l'hypothèse au reste de la phrase.**

1. S'il me trompe, •       • **a.** prends ton parapluie.

2. S'il pleut, •       • **b.** je le quitte.

3. Si je gagne au loto, •       • **c.** achète-toi un pain au chocolat.

4. Si tu as faim, •       • **d.** on a plus de chance de trouver un travail.

5. Si on parle plusieurs langues, •       • **e.** j'arrête de travailler.

Note : /5 points

**5** **Complétez les phrases suivantes en mettant le verbe entre parenthèses au présent ou à l'impératif.**

**1.** Si vous prenez la route cette nuit, _____ du café pour rester éveillé. (boire)

**2.** Si tu _____ aller en Égypte, n'y va pas en été. Il fait trop chaud. (vouloir)

**3.** Si tu ne viens pas avec moi, je _____. (s'en aller)

**4.** Si on _____ malade, on va chez le médecin. (être)

**5.** Si tu sors, _____. (se couvrir)

Note : /5 points

**6** **Complétez librement ces phrases en utilisant le présent ou l'impératif.**

**1.** Si je ne suis pas là à 17 h, _____ .

**2.** Si _____, je peux t'aider.

**3.** Si tu prends la voiture, _____ .

**4.** S'il ne te téléphone pas, _____ .

**5.** Si _____, nous vous engageons immédiatement.

Note : /5 points

TOTAL : /15 points

**7** **Reliez les éléments pour faire des phrases hypothétiques dans le futur.**

1. Si j'ai le temps, •             • **a.** si nous le pouvons.

2. S'il a des vacances cet hiver, •   • **b.** nous laisserons les clés sous le paillasson.

3. Nous partirons avant la nuit, •   • **c.** si tu dois aller au travail plus tôt.

4. Si vous rentrez tard ce soir, •   • **d.** j'enverrai un fax avant la fin de la matinée.

5. Nicolas conduira les enfants à l'école, •   • **e.** il ira se reposer à la montagne.

Note : /5 points

**8** **Faites des hypothèses dans le futur en complétant les phrases suivantes.**

**1.** Je lui _____ (téléphoner), si j' _____ (avoir) besoin de lui.

**2.** Nous ne _____ (faire) pas de barbecue, s'il _____ (pleuvoir).

**3.** Si tu _____ (vouloir), je t' _____ (inviter) à mon anniversaire.

**4.** S'ils _____ (aller) en Inde, ils _____ (adorer) ce pays.

**5.** Si mon frère _____ (partir) vivre à l'étranger, il nous _____ (manquer) beaucoup.

Note : /5 points

**9** **Complétez librement les phrases suivantes.**

**1.** _____ , je serai vraiment déçu.

**2.** _____ , nous réussirons nos examens.

**3.** _____ , vous recevrez notre nouveau catalogue.

**4.** Si vous continuez tout droit, _____.

_____

**5.** Si le professeur est absent demain, _____.

_____

Note : /5 points

TOTAL : /15 points

**10** **Cochez la bonne réponse.**

**1.** Pour faire une hypothèse sur le présent introduite par *si*, le verbe est en général

au plus-que-parfait. ☐　au passé composé. ☐　à l'imparfait. ☐

**2.** La conséquence est

au conditionnel présent. ☐　au futur. ☐ au conditionnel passé. ☐

Note : /2 points

**11** **Mettez les verbes entre parenthèses au temps qui convient.**

**1.** Si vous me _____ son e-mail, je la contacterais rapidement. (donner)

**2.** Si vos amis n' _____ pas là, vous dormiriez à la maison. (être)

**3.** Si je _____ riche, je ne changerais rien à ma vie. (devenir)

**4.** S'il _____ au bord de la mer, il ne ferait que des sports nautiques. (habiter)

**5.** Si votre mari vous _____ , nous vous aiderions financièrement. (quitter)

**6.** Si nous lui _____ une cravate, ça lui ferait plaisir. (offrir)

Note : /6 points

**12** **Complétez ces hypothèses sur le présent.**

**1.** Si le temps s'améliorait, la météo le _____. (savoir)

**2.** S'il y avait du brouillard, il _____ retarder notre départ. (falloir)

**3.** Et s'il neigeait, il _____ mieux prendre l'autoroute. (valoir)

**4.** Si je savais dessiner, je _____ des paysages méditerranéens. (peindre)

**5.** Que _____ -tu si nous ne venions pas ? (dire)

**6.** On _____ s'il faisait beau. (sortir)

**7.** Si vous étiez courageux, vous me _____. (défendre)

Note : /7 points

TOTAL : /15 points

**13 Reliez l'hypothèse dans le passé au reste de la phrase.**

1. S'il avait plu, •  • **a.** tu aurais vu la fin du film.

2. Si j'avais eu son adresse, •  • **b.** nous aurions passé une bonne soirée.

3. S'ils avaient travaillé, •  • **c.** vous seriez restée chez vous.

4. Si tout le monde était venu, •  • **d.** je lui aurais écrit.

5. Si tu ne t'étais pas endormi, •  • **e.** ils auraient obtenu de meilleurs résultats.

Note : /5 points

**14 Identifiez le sens de ces formulations. Cochez la bonne réponse.**

1. Si tu avais roulé moins vite, tu n'aurais pas eu d'accident.

reproche ☐          hypothèse ☐

2. Si tu avais répondu tout de suite, tu aurais pu être retenu à ce poste.

reproche ☐          hypothèse ☐

3. Elle aurait acheté cet ensemble si elle avait eu de l'argent.

reproche ☐          hypothèse ☐

4. Nous serions arrivés à l'heure si nous n'étions pas tombés en panne.

reproche ☐          hypothèse ☐

5. S'il y avait eu moins de vent, j'aurais joué au tennis.

reproche ☐          hypothèse ☐

Note : /5 points

**15 Complétez les phrases suivantes en mettant les verbes entre parenthèses au plus-que-parfait ou au conditionnel passé.**

1. S'il était arrivé à l'heure, nous _____ au cinéma. (aller)

2. Si tu _____ , je t'aurais suivi. (se baigner)

3. Si vous n'étiez pas tombé malade, vous _____ à ce stage. (participer)

4. S'ils vous avaient vu, ils vous _____. (reconnaître)

5. Si vous m' _____ , je serais resté à la maison. (prévenir)

Note : /5 points

TOTAL : /15 points

**16** **Répondez librement aux questions en conjugant les verbes au temps qui convient.**

**1.** Si vous receviez des amis chez vous, quel plat français cuisineriez-vous ?

_____

**2.** Si c'était votre anniversaire, quel cadeau aimeriez-vous recevoir ?

_____

**3.** Si vous étiez écrivain, quel genre de livre écririez-vous ?

_____

**4.** Si vous aviez de l'argent et du temps, que feriez-vous ?

_____

**5.** Si vous trouviez un portefeuille rempli d'argent, qu'en feriez-vous ?

_____

Note : /10 points

**17** **Conjuguez les verbes entre parenthèses au conditionnel présent ou passé.**

**1.** Si tu ne m'avais pas indiqué le chemin, je _____. (ne jamais trouver)

**2.** Si mon fils perdait son emploi, mon mari et moi l' _____. (aider)

**3.** S'ils avaient les moyens, ils _____ cette voiture. (acheter)

**4.** Si vous aviez attendu quelques minutes, vous l' _____. (rencontrer)

**5.** Si j'avais été libre, nous _____. (sortir)

Note : /5 points

TOTAL : /10 points

**18** **Que disent-ils ? Complétez les phrases comme dans l'exemple.**

*Exemple :* Il n'aime pas voyager. Il ne visite aucun pays étranger.

S'il aimait voyager, il visiterait beaucoup de pays étrangers.

**1.** Vous n'avez pas réussi à votre examen. Vous n'êtes pas parti en vacances.

Si j' _____ .

**2.** Elle n'a pas de travail. Elle ne change pas d'appartement.

Si elle _____ .

**3.** Nous n'aimons pas la musique classique. Nous n'allons pas à l'opéra.

Si elles _____ .

**4.** Ils ne sont pas venus en métro. Ils ne sont pas arrivés à l'heure.

S'ils _____ .

**5.** Vous ne savez pas conduire. Vous n'êtes pas autonome.

Si je _____ .

Note : /5 points

**19** **Reliez l'hypothèse au reste de la phrase.**

**1.** S'il avait reçu le prix Nobel, •

**2.** Cette année, si j'ai des vacances, •

**3.** J'assisterai à la première du film, •

**4.** Si nous louons une maison sur la Côte d'Azur, •

**5.** Si vous aviez la possibilité, •

• **a.** vous prendriez quelques jours de congés.

• **b.** nous ne raterons pas le festival de jazz de Nice.

• **c.** ça se saurait.

• **d.** si j'obtiens une invitation.

• **e.** je partirai au Brésil.

Note : /5 points

TOTAL : /10 points

**20** **Mettez les verbes au conditionnel passé et au plus-que-parfait pour reconstituer la chanson de Maxime Le Forestier.**

*Mon frère*

Toi, le frère que je _____ (ne jamais avoir)

Sais-tu, si tu _____ (vivre)

Ce que nous _____ ensemble ? (faire)

Un an après moi tu _____ (naître)

Alors on ne _____ (ne plus se quitter)

Comme deux amis qui se ressemblent.

Note : /5 points

**21** **Terminez librement les hypothèses suivantes.**

**1.** Si tu es sage , _____ .

**2.** Si je pouvais recommencer ma vie, _____ .

**3.** Si elle t'accompagne au concert des Stones, _____

_____ .

**4.** Si nous avions su, _____ .

**5.** S'ils étaient plus sérieux, _____ .

**6.** Si vous rencontriez un homme politique, _____

_____ ?

**7.** Si vous nous l'aviez dit, _____

_____ .

**8.** Si tu veux maigrir, _____ .

**9.** Si tu baissais le son de la télévision, _____

_____ .

**10.** Si je m'étais levée plus tôt, _____ .

Note : /10 points

TOTAL : /15 points

# 9 Le subjonctif présent

**1** **Cochez vrai ou faux.**

Le subjonctif présent se forme à partir du radical de la 3ᵉ personne du pluriel du présent de l'indicatif. D'autre part, les verbes qui, au présent, ont un radical différent à la 1ʳᵉ et 2ᵉ personnes du pluriel conservent cette différence au subjonctif.                                         vrai ☐   faux ☐

*Note :*  /2 points

**2** **Reliez les pronoms sujets et le verbe conjugué au subjonctif présent. (Attention aux temps !)**

| | |
|---|---|
| **1.** ...que je • | • **a.** buviez |
| **2.** ...que tu • | • **b.** boive |
| **3.** ...qu'on • | • **c.** boivent |
| **4.** ...qu'il • | • **d.** buvions |
| **5.** ...que nous • | • **e.** boives |
| **6.** ...que vous • | • **f.** buvaient |
| **7.** ...qu'elles • | • **g.** buvait |

*Note :*  /7 points

**3** **Transformez ces conseils en utilisant *il faut que* + le subjonctif présent.**

**1.** Pour gagner du temps le matin, vous devez préparer la veille le nécessaire pour le petit déjeuner. _____

_____

**2.** Tu dois boire du lait demi-écrémé car il est moins riche en protéines.

_____

**3.** Ils doivent manger du pain ou des céréales.

_____

**4.** Nous devons prendre un fruit ou un jus de fruits.

_____

**5.** Je dois prendre un petit déjeuner équilibré pour bien commencer la journée.

_____

**6.** Elle doit choisir un produit laitier, un fruit, un liquide et des céréales.

_____

Note : /6 points

TOTAL : /15 points

**4** **Reliez les verbes conjugués au subjonctif à leur infinitif.**

1. ...que nous puissions •
2. ...qu'ils aillent •
3. ...que vous fassiez •
4. ...que je sois •
5. ...que tu aies •

• **a.** aller
• **b.** être
• **c.** avoir
• **d.** pouvoir
• **e.** faire

*Note :* /5 points

**5** **Remplissez la grille à l'aide des définitions.**

Horizontalement :

**1.** 2ᵉ personne du singulier du verbe *avoir* au présent de l'indicatif.

**2.** Personnes pour lesquelles on a de l'amitié.

**3.** Lieu où l'on danse.

**4.** Ensemble des règles juridiques.

**5.** 3ᵉ personne du pluriel du verbe *avoir* au subjonctif.

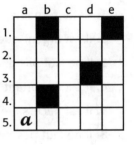

Verticalement :

**a.** Envoyer un message par câble au passé simple.

**b.** Adjectif possessif féminin.

**c.** 1ʳᵉ ou 3ᵉ personne du singulier du verbe *aller* au subjonctif.

**d.** Pronom personnel complément de la 3ᵉ personne du singulier et du pluriel. – Pronom personnel sujet de la 3ᵉ personne du singulier.

**e.** 3ᵉ personne du singulier du verbe *être* au subjonctif.

*Note :* /10 points

TOTAL : /15 points

**6** **Distinguez le subjonctif présent du présent de l'indicatif. Soulignez le subjonctif.**

1. ...tu vois  –  ...tu voies

2. ...il croie  –  ...il croit

3. ...il réponde  –  ...il répond

4. ...j'ai  –  ...j'aie

5. ...je dise  –  ...je dis

Note:  /5 points

**7** **Complétez les phrases en mettant les verbes entre parenthèses au subjonctif.**

1. Cette semaine, il faut que je _____ le rapport de M. Martin. (lire)

2. Il est urgent que tu le _____ au courant de notre projet. (mettre)

3. Il ne faut pas que la secrétaire _____ le courrier à cette adresse. (envoyer)

4. Il est important que nous _____ leurs instructions. (suivre)

5. Il est nécessaire que vous _____ confiance à vos collègues. (faire)

6. Il ne faut pas qu'ils _____ que nous avons des retards dans les livraisons. (savoir)

7. Il est normal que M. Leblanc _____ à la retraite cette année. (partir)

Note:  /7 points

**8** **Trouvez l'infinitif de ces verbes au subjonctif.**

1. C'est dommage que tu veuilles partir. _____

2. Il faut que ça vaille la peine. _____

3. Je ne crois pas qu'il pleuve. _____

Note:  /3 points

TOTAL:  /15 points

**9** **Complétez les phrases en mettant les verbes entre parenthèses au subjonctif.**

**1.** J'aimerais qu'elle _____ au cinéma avec moi. (venir)

**2.** J'ai peur que les clients _____ mécontents. (être)

**3.** Il voudrait qu'on lui _____ visite ce week-end. (rendre)

**4.** Patrick souhaite que nous lui _____ une réponse le plus rapidement possible. (donner)

**5.** Il faut vraiment que je _____ une chambre d'hôtel pour les vacances. (retenir)

Note: /5 points

**10** **Complétez les phrases avec les verbes manquants.**

**1.** Je suis très en retard. Il faut que je _____ tout de suite.

**2.** Il a les cheveux trop longs . Il faut qu'il _____ rendez-vous chez le coiffeur.

**3.** Nous rêvons de connaître votre pays. Il faut que nous _____ en Chine.

**4.** L'année prochaine, nous allons vivre en Espagne. Il faut que j' _____ l'espagnol.

**5.** Vous voulez vous inscrire à l'université. Tout d'abord, il faut que vous _____ votre bac.

Note: /5 points

**11** **Transformez ces recommandations en utilisant le subjonctif.**

**1.** Tu devrais écrire à ta grand-mère. Cela lui ferait plaisir.

Il faut que _____ .

**2.** Il devrait finir tous ses devoirs avant d'aller jouer.

Il est indispensable qu' _____ .

**3.** Vous devriez avoir une promotion.

Il est normal que _____ .

**4.** Je devrais voir ce film. Il faut que _____ .

**5.** Les enfants devraient faire leur lit.

Il est nécessaire qu' _____ .

Note: /5 points

TOTAL: /15 points

**12** Notez S, si le verbe se construit avec le subjonctif et I, si c'est avec l'indicatif.

**1.** espérer que ☐

**2.** il est possible que ☐

**3.** croire que ☐

**4.** ne pas penser que ☐

**5.** vouloir que ☐

*Note: /5 points*

**13** Dites si c'est le subjonctif ou le présent de l'indicatif qui est utilisé dans ces phrases.

**1.** Je souhaite que tu m'accompagnes à cette soirée. _____

**2.** Il ne faut pas qu'il reste toute la journée enfermé dans sa chambre.

_____

**3.** Elle dit qu'elle sort tous les jours à 17 heures. _____

**4.** Tu penses qu'il faut lui dire la vérité ? _____

**5.** Elle voudrait que je l'invite à mon anniversaire. _____

*Note: /5 points*

**14** **Rayez l'intrus dans chaque colonne.**

**1.** Je veux

   J'ordonne

   J'exige      *que tu partes à l'heure.*

   Je déclare

   Je préfère

**2.** J'ai peur

   Je redoute

   Je crains     *qu'il revienne tard.*

   Je regrette

   J'imagine

**3.** Je souhaite

   Je remarque

   Je désire

   J'aimerais

   Je voudrais

**4.** Je doute

   Je ne suis pas sûr

   Je ne suis pas certain   *qu'il ait 21 ans que vous vous rétablissiez rapidement*

   Il est possible

   J'espère

**5.** Je ne crois pas

   Je ne pense pas

   Je ne trouve pas   *que ce soit intéressant.*

   Je ne constate pas

   Je ne suis pas sûr

Note :  /5 points

TOTAL :  /15 points

**15** **Reliez les verbes qui entraînent l'emploi du subjonctif aux catégories de la colonne de droite.**

**1.** Je crains qu'il ne comprenne rien. •

**2.** Il est déçu que vous ne veniez pas à son mariage. •

**3.** Nous avons envie que vous soyez heureux ensemble. •

**4.** Je suis d'avis qu'il y aille maintenant. •

**5.** Il se peut qu'elle puisse vous accompagner. •

**6.** Vous regrettez qu'il ne veuille pas faire d'études ? •

**7.** Tu acceptes que ta fille fasse du ski hors piste ? •

**8.** Je doute que nous puissions vous garder dans notre société. •

**9.** Je ne crois pas que ce meuble vaille si cher. •

**10.** Il est possible qu'il sache réparer ce type de panne. •

• **a.** la volonté et ses nuances

• **b.** les sentiments

• **c.** le doute, la possibilité

Note :    /10 points

**16** **Soulignez les conjonctions qui sont suivies d'un subjonctif.**

**1.** Il est parti plus tôt de son travail pour que nous dînions ensemble.

**2.** Il ne fume plus depuis que nous vivons à la campagne.

**3.** Elle ne vient pas bien qu'elle ait le temps.

**4.** Appelle-le avant qu'il parte.

**5.** Il joue au tennis alors qu'il est malade.

**6.** Il a rangé son bureau afin que vous puissiez travailler confortablement.

**7.** Je le lui donnerai à condition qu'elle vienne.

Note :    /5 points

TOTAL :    /15 points

**17** **Complétez les phrases.**

1. _____ qu'il lui écrive rapidement.

2. _____ qu'il recevra cette lettre demain.

3. _____ qu'elle revienne l'été prochain.

4. _____ qu'il va pleuvoir.

5. _____ qu'il faille reporter notre voyage.

Note : /5 points

**18** **Complétez avec le subjonctif présent ou le présent de l'indicatif.**

**1.** Ma fille aurait besoin que son professeur lui _____

plus confiance. (faire)

**2.** Je préférerais que vous _____ vos leçons tout de suite. (réviser)

**3.** Elle est persuadée que vous ne l' _____ pas. (aimer)

**4.** Je suis ravie que tu _____ ton travail. (reprendre)

**5.** J'ai l'impression qu'il _____ où elle habite. (savoir)

Note : /5 points

**19** **Subjonctif présent ou présent de l'indicatif. Complétez.**

**1.** Il est nécessaire que vous _____ avant lundi. (téléphoner)

**2.** Pensez-vous qu'il _____ peur de se faire opérer ? (avoir)

**3.** Ils pensent que nous _____ italiens. (être)

**4.** J'ai entendu dire qu'ils _____ leur maison. (vendre)

**5.** Nos parents refusent que nous _____ de l'alcool. (boire)

Note : /5 points

TOTAL : /15 points

**20** **Conjuguez les verbes comme il convient. Indicatif ou subjonctif.**

**1.** Cela m'inquiète qu'ils _____ en retard. (être)

**2.** Il vaut mieux que vous _____ me voir avant la fin de la semaine. (passer)

**3.** Je vois que tu _____ parfaitement la situation. (connaître)

**4.** J'attends avec impatience que vous me _____ de vos nouvelles. (donner)

**5.** Mon amie trouve que son mari la _____ depuis quelque temps. (délaisser)

Note : /5 points

**21** **Complétez en mettant les verbes entre parenthèses à la forme qui convient.**

**1.** Nous avons de mauvaises notes parce que nous n' _____ pas assez. (étudier)

**2.** Rentrons vite avant qu'il _____. (pleuvoir)

**3.** Je passe te chercher dès que je _____. (pouvoir)

**4.** Elle n'entend rien bien que nous _____ très fort. (parler)

**5.** Tu vas ranger ta chambre pendant que je _____ le petit déjeuner. (préparer)

Note : /5 points

**22** **Complétez cette lettre en mettant les verbes proposés au subjonctif ou à l'indicatif.**

Chérie,

Nous souhaitons que ce cadeau te _____ (parvenir) très vite pour que tu _____ (savoir) combien nous t' _____ (aimer). Nous regrettons que tu ne _____ (pouvoir) pas te libérer samedi prochain pour fêter ton anniversaire en famille, mais nous espérons que tu nous _____ (rendre) bientôt visite.

                                      Joyeux Anniversaire. Gros bisous.

                                              Maman et Papa.

Note : /5 points

TOTAL : /15 points

# 10 Les comparatifs et les superlatifs

**1** **Observez, puis complétez le tableau suivant en y classant les phrases.**

**1.** Je consomme moins d'essence avec ma nouvelle voiture.

**2.** Les femmes passent plus de temps que les hommes aux travaux ménagers.

**3.** Sur des distances inférieures à 1000 km, le TGV est plus rapide, moins cher et plus confortable que l'avion.

**4.** Les Français écoutent autant la radio qu'ils regardent la télévision (environ trois heures par jour).

**5.** Nous lisons autant de magazines que de journaux.

**6.** Depuis sa maladie, il fume moins.

**7.** Il parle aussi difficilement l'anglais que l'espagnol.

**8.** La cuisine du Sud-Ouest est aussi riche que celle de l'Est.

**9.** Elle roule moins vite, depuis son accident de moto.

**10.** Tu devrais travailler plus pour réussir tes examens.

**11.** Les femmes vivent plus longtemps que les hommes.

| avec un ADJECTIF | avec un NOM | avec un VERBE | avec un ADVERBE |
|---|---|---|---|
| *plus* + adjectif ☐ | *plus d'* + nom ☐ | verbe + *plus* ☐ | *plus* + adverbe ☐ |
| *moins* + adjectif ☐ | *moins d'* + nom ☐ | verbe + *moins* ☐ | *moins* + adverbe ☐ |
| *aussi* + adjectif ☐ | *autant d'* + nom ☐ | verbe + *autant* ☐ | *aussi* + adverbe ☐ |

Note: /2 points

**2** **Soulignez les comparatifs.**

1. Il y avait beaucoup de jeunes et aussi quelques personnes âgées.

2. Claudine est aussi belle que sa mère.

3. Monsieur Lafleur a au moins 60 ans.

4. Vous ne travaillez plus maintenant.

5. Ils sont plus adroits que vous ne l'imaginez.

6. C'est du moins ce que je pense.

7. Il fait moins froid que ces derniers temps.

Note : /3 points

TOTAL : /15 points

**3** **Complétez en employant *plus* (+) ... *que/qu', moins* (-) ... *que/qu'*.**

**1.** Les vacances scolaires sont _____ (+) longues _____ en Allemagne.

**2.** L'Italie est _____ (-) grande _____ la France.

**3.** Le rugby est _____ (-) populaire _____ le football.

**4.** Mexico est _____ (+) peuplé _____ Paris.

**5.** Les parents sont _____ (+) tolérants _____ autrefois.

*Note:  /5 points*

**4** **Complétez avec *plus* (+) ... *que/qu', moins* (–) ... *que/qu', aussi* (=) ... *que/qu'*.**

**1.** Les logements à la campagne sont _____ (+) inconfortables _____ en ville.

**2.** Pour moi, la cuisine est une pièce _____ (=) importante _____ le salon.

**3.** Les loyers parisiens sont _____ (+) chers _____ en province.

**4.** Elle habite dans un quartier _____ (=) calme _____ le nôtre.

**5.** Le lave-vaisselle et le sèche-linge sont _____ (-) fréquents _____ le réfrigérateur ou le lave-linge dans l'équipement de la maison française.

*Note:  /5 points*

**5** **Faites des comparaisons en employant des adjectifs.**

**1.** les Français – les Japonais _____

**2.** les voitures françaises – les voitures allemandes

_____

**3.** New-York – Rome _____

**4.** le ski de piste – le ski de fond _____

**5.** Leornardo Di Caprio – Alain Delon

_____

*Note:  /5 points*

*TOTAL:  /15 points*

**6** **Reliez les éléments pour établir des comparaisons d'égalité.**

| | | | |
|---|---|---|---|
| **1.** Mon fils gagne • | | • **a.** DVD que de CD. |
| **2.** M. Marchand achète • | autant d' | • **b.** argent que ma fille. |
| **3.** Les hommes sont • | autant de | • **c.** connus que Lucky Luck. |
| **4.** Astérix et Obélix sont • | aussi | • **d.** compliqués que les femmes. |
| **5.** Ils mangent • | | • **e.** confiseries que de pâtisseries. |

Note : /5 points

**7** **Remettez ces phrases dans l'ordre.**

**1.** prends – que – l' – dernière – je – de – plus – vacances – année

_____

**2.** il – autant – cigarettes – fume – de – que – moi

_____

**3.** moins – livres – lisent – que – nous – mes – parents – de

_____

**4.** il – de – touristes – a – plus – y – que – dernier – été – l'

_____

**5.** écoutons – de – musique – opéra – d' – nous – autant – classique – que

_____

Note : /5 points

TOTAL : /10 points

**8** Rébus. Soulignez les deux comparatifs que vous trouverez dans ces rébus.

**1.**

**2.**

Note:     /2 points

**9** Établissez des comparaisons en employant un verbe et des pronoms toniques.

**1.** Il fait cinq repas par jour. Elle fait trois repas par jour.

Il _____ .

**2.** Nous faisons un voyage par an. Il fait trois voyages par an.

Nous _____ .

**3.** Vous voyez 2 films par semaine au cinéma. Ils voient 1 film par semaine au cinéma. Vous _____ .

**4.** Ils marchent 1 h par jour. Elles marchent 1 h aussi.

Ils _____ .

**5.** Je sors chaque week-end. Tu sors deux fois par mois.

Tu _____ .

**6.** Tu te lèves à midi tous les jours. Je me lève à 8 h tous les jours.

Je _____ .

**7.** Il dépense 1 800 euros par mois. Nous dépensons 1 800 euros aussi.

Il _____ .

**8.** Nous lisons un livre par semaine. Vous lisez aussi un livre par semaine.

Nous _____ .

Note:     /8 points

TOTAL:     /10 points

**10 Rayez ce qui ne convient pas.**

**1.** Il parle plus/plus de lentement que son collègue.

**2.** Elle a dormi moins de/moins longtemps que d'habitude.

**3.** Nous courons aussi/autant vite que nos adversaires.

**4.** Marc écrit plus/moins de proprement que son grand frère.

**5.** Je saute aussi/autant haut que notre professeur d'éducation physique.

Note: /5 points

**11 Comparez ces performances en employant un comparatif et un adverbe.**

**1.** Marie traduit une lettre en 1 mn. Catherine en 2 mn.

Marie _____ .

**2.** Léa apprend une langue avec difficulté. Simon sans difficulté.

Léa _____ .

**3.** Cécile arrive au travail à 5 h du matin. Christophe à 5 h du matin aussi.

Cécile _____ .

**4.** Dominique court 15 km par jour. Jean court 17 km par jour.

Dominique_____ .

**5.** Anne lance le poids à 11 m. Bruno à 9 m.

Anne _____ .

Note: /5 points

**12 Complétez les phrases suivantes avec des comparatifs.**

**1.** (-) Je parle _____ bien anglais _____ espagnol.

**2.** (=) Il mange _____ salement _____ un bébé.

**3.** (+) Nous marchons _____ lentement _____ vous.

**4.** (=) Tu fais _____ peu _____ sport _____ moi.

**5.** (-) Vous allez au restaurant _____ souvent _____ vos enfants.

Note: /5 points

TOTAL: /15 points

**13** **Reliez les éléments pour en faire des phrases.**

1. Mathieu est un •        • **a.** bonne note en mathématiques.

2. Elle a obtenu une •      • **b.** mieux que l'année dernière.

3. Elle travaille •         • **c.** bon élève.

4. Nous avons un •         • **d.** meilleur professeur de langues que l'an passé.

5. Il comprend •          • **e.** bien quand on lui parle lentement.

Note :   /5 points

**14** **Complétez les phrases avec *bon, bien, meilleur* ou *mieux*.**

1. Ma mère danse _____ la valse que moi.

2. As-tu _____ dormi ?

3. Son mari est _____ cuisinier qu'elle.

4. Ce n'est pas un _____ film.

5. Il a _____ appétit qu'avant.

Note :   /5 points

**15** **Complétez avec *mieux* ou *meilleur(e/s)*.**

1. Les journaux de province sont _____ informés sur cette affaire que la presse nationale.

2. J'achète de la bière française. Elle est _____ marché.

3. Le gouvernement a _____ réagi face à cette nouvelle contestation.

4. Il ne mange jamais de pizzas ici car elles sont _____ en Italie.

5. Mon fils est _____ en physique qu'en biologie.

Note :   /5 points

TOTAL :   /15 points

**16** **Complétez ces questions avec des superlatifs.**

**1.** (+) Quel est l'animal terrestre _____ rapide ?

**2.** (-) Quel est le félin qui a la queue _____ longue ?

**3.** (+) Quel est l'oiseau _____ petit ?

**4.** (+) Quels sont les animaux qui sont _____ évolués parmi les vertébrés ?

**5.** (+) Quel est l'animal _____ gros de la planète ?

Note : /5 points

**17** **Répondez en utilisant un superlatif.**

**1.** – Le carnaval de Nice est très célèbre en France.

– Oui, je pense que c'est le carnaval _____ célèbre _____ France.

**2.** – L'avenue des Champs-Élysées est très longue.

– Oui, je crois que c'est l'avenue _____ longue _____ Europe.

**3.** – Les festivals de jazz, l'été, sont très populaires sur la Côte d'Azur.

– En effet, ce sont les festivals _____ populaires _____ l'été.

**4.** – Les vins de Bordeaux et de Bourgogne sont chers.

– Oui, je crois que ce sont les vins _____ chers _____ France.

**5.** – La Promenade des Anglais est un lieu très touristique.

– Oui, je pense que c'est le lieu _____ touristique _____ Nice.

Note : /5 points

TOTAL : /10 points

**18** **Trouvez le contraire de ces superlatifs.**

**1.** Le café brésilien est le moins bon du monde.

_____

**2.** Les bananes d'Afrique sont les meilleures du monde.

_____

**3.** Les footballeurs espagnols sont les meilleurs d'Europe.

_____

**4.** Les glaces italiennes sont les moins bonnes du monde.

_____

**5.** La pâtisserie française est la plus mauvaise du monde.

_____

Note: /5 points

**19** **Complétez ces phrases avec *mieux* ou *le mieux*.**

**1.** C'est ma grand-mère qui connaît _____ cette région.

**2.** Mon grand-père vit _____ dans le sud que dans la région parisienne.

**3.** Nous mangeons _____ le week-end lorsque maman fait la cuisine pour nous.

**4.** Son frère est le restaurateur qui cuisine _____ de cette ville.

**5.** De toute la famille, c'est notre père qui parle _____ la langue du pays.

Note: /5 points

**20** **Complétez les phrases avec *mieux, le mieux, meilleur(e/s)* ou *le meilleur*.**

**1.** Tu as fait des progrès. Tu joues _____ au tennis.

**2.** De toute l'équipe nationale, c'est _____ coureur.

**3.** Elle est _____ au bridge qu'au poker.

**4.** De toutes les concurrentes, c'est elle qui danse _____ .

**5.** Ses résultats sportifs sont _____ que l'an dernier.

Note: /5 points

TOTAL: /15 points

# Corrigés

## 1 LES PRONOMS RELATIFS

**1.** 1. Tu vois la femme là-bas qui traverse la rue ? – 2. C'est cette femme qui a gagné au loto. – 3. Elle a touché 15 millions d'euros qui est un record pour la Française des jeux. – 4. Elle a joué avec son frère qui n'avait jamais rempli de grille de loto auparavant. – 5. Ils vivent toujours dans leur maison qui se trouve à la sortie du village.

**2.** 1. qu' – 2. que – 3. qui – 4. qui – 5. que

**3.** 1. Apporte-moi l'outil dont j'ai besoin. – 2. Je te prêterai le livre dont tout le monde parle. – 3. Le directeur aimerait voir le dossier dont tu t'occupes. – 4. Ce sont des sujets dont mes parents ne discutent jamais. – 5. Il a rencontré son nouveau collègue dont il se méfie.

**4.** 1. dont – 2. qu' – 3. qui – 4. que – 5. dont

**5.** 1. Le Val de Loire est une région où on peut voir de nombreux châteaux et déguster de bons vins. – 2. J'ai vu la Côte d'Azur un jour où il neigeait. – 3. La France est un pays où la gastronomie occupe une place importante. – 4. Nous avons visité Paris une année où les transports publics étaient en grève. – 5. Nous arrivons dans le quartier où j'aimais me promener.

**6.** *souligner :* 1. où – 2. dont – 3. d'où – 4. qui – 5. par où

**7.** 1. c – 2. d – 3. a – 4. e – 5. b

**8.** 1. Oui, c'est ce dont nous parlons. – 2. Non, ce n'est pas ce dont j'ai besoin. – 3. Non, ce n'est pas ce dont ils s'occupent. – 4. Oui, c'est ce dont il est question. – 5. Non, ce n'est pas ce dont nous avons envie.

**9.** ce que – ce qu' – ce dont – ce que – ce qui

**10.** 1. Ce qui - c'est – 2. Ce que - ce sont – 3. Ce dont - c'est – 4 . Ce qui - c'est – 5. Ce que - ce sont

**11.** 1. c – 2. d – 3. b – 4. a – 5. e

**12.** 1. C'est - que – 2. Ce sont - qui – 3. C'est - qui – 4. Ce sont - qu' – 5. C'est - qui

**13.** 1. J'ai regardé le débat télévisé auquel il a participé. – 2. Il avait lu tous les articles de journaux auxquels le journaliste faisait référence. – 3. Elle connaît les agences de presse auxquelles nous nous sommes adressés. – 4. J'ai rencontré ce grand reporter de guerre auquel tu pensais. – 5. Les journaux ont lancé une campagne d'information à laquelle la télévision et la radio ont pris part.

**14.** 1. auxquels – 2. à qui – 3. auxquelles – 4. auquel – 5. à qui

**15.** 1. Montrez-moi le livre dans lequel vous avez trouvé la recette de cuisine. – 2. Apportez-moi la poêle avec laquelle tu as frit le poisson. – 3. Goûtez à ces plats pour lesquels ce chef-cuisinier a été récompensé. – 4. Il faut acheter les épices sans lesquelles elle ne cuisine jamais. – e. Voici la tarte sur laquelle j'ai saupoudré du sucre glace.

**16.** 1. chez qui – 2. grâce auquel – 3. dans laquelle – 4. sur lequel – 5. pendant lesquelles

**17.** 1. c – 2. e – 3. a – 4. d – 5. b

**18.** 1. à l'intérieur desquelles – 2. auprès duquel – 3. à l'occasion duquel – 4. à côté desquels – 5. au menu de laquelle

**19.** 1. dont – 2. duquel – 3. dont – 4. duquel – 5. dont

## 2 LES PRONOMS PERSONNELS COMPLÉMENTS

**1.** *cocher :* 1. le produit – 2. les prix – 3. le jeune commercial – 4. la réceptionniste – 5. le personnel

**2.** *questions possibles :* 1. Tu as acheté les fleurs pour maman ? – 2. Vous avez pris la clé ? – 3. Vous avez choisi ce vin ? – 4. Ils prennent ce disque ? – 5. Elles ont commandé ces plats ?

**3.** 1. te – 2. vous – 3. me – 4. nous – 5. m'

**4.** 1. b – 2. a – 3. d – 4. c – 5. e

**5.** 1. me – 2. lui – 3. te – 4. vous – 5. nous

**6.** 1. le - lui – 2. le - le – 3. lui - lui – 4. le - l' – 5. lui - l'

**7.** *questions possibles :* 1. Vous voulez deux melons ? – 2. Vous avez eu du poisson ? – 3. Il y a des fruits ? – 4. Tu as pris de la salade ? – 5. Ils ont acheté des œufs ?

**8.** *réponses possibles :* 1. de son travail – 2. du piano – 3. de la boulangerie – 4. de votre première leçon de ski – 5. de l'école

**9.** 1. d'eux – 2. de lui – 3. d'elle – 4. d'elles – 5. de toi

**10.** 1. Elle s'y est rendue plusieurs fois – 2. Lui a-t-il promis d'y aller ? – 3. Y dors-tu ? – 4. Elle ne s'y est pas installée récemment – 5. Je n'y retourne pas tous les ans.

**11.** *cocher :* 1. au scrabble – 2. à mes vacances – 3. à votre nouveau travail – 4. à cette invitation – 5. à mon héritage

**12.** 1. Oui, je ferai attention à eux. – 2. Oui, je penserai à elle. – 3. Non, il ne se confie pas à lui. 4. Oui, elle tient beaucoup à elles. – 5. Non, ils ne se sont pas adressés à lui.

**13.** 1. Non, elle ne s'intéresse pas à lui. – 2. Oui, il lui succédera. – 3. Oui, ils leur obéissent. – 4. Non, je n'ai pas eu affaire à eux. – 5. Oui, je leur ai rendu visite.

**14.** 1. Oui, je lui ai répondu. – 2. Oui, je lui permets. – 3. Oui, j'y ai répondu. – 4. Oui, je me suis opposé à lui. – 5. Oui, j'y ai réfléchi.

**15.** 1. Non, ils ne se souviennent pas d'eux. – 2. Non, elle ne s'en doutait pas. – 3. Oui, il s'en est aperçu rapidement. – 4. Non, il n'en parle pas. – 5. Oui, je me plains de lui.

**16.** 1. Il en est ravi. – 2. Il l'a dit. – 3. Nous y songeons. – 4. Nous le demanderons. – 5. Ils n'y tiennent pas.

**17.** *questions possibles :* 1. Il a l'habitude d'offrir des cadeaux si souvent ? – 2. Il est habitué à sortir chaque soir ? – 3. Vous avez annoncé que ma fille se mariait ? – 4. Vous avez envie d'aller au cinéma ? – 5. Tu as pensé à fermer la fenêtre du bureau ?

**18.** 1. Vous les lui donnez. – 2. Vous ne la leur indiquez pas. – 3. Il ne les leur montre pas. – 4. La réceptionniste le lui précise. – 5. Je le leur appelle.

**19.** 1. vous les – 2. me l' – 3. nous les – 4. te la – 5. me l'

**20.** *cocher :* 1. Répare-la. - Ne la répare pas. – 2. Changez-les-moi. - Ne me les changez pas. – 3. Téléphone-lui. - Ne lui téléphone pas. – 4. Parles-en. - N'en parle pas. – 5. Faites attention à lui. - Ne faites pas attention à lui.

**21.** 1. Tu vas l'y emmener. – 2. Elle ne va pas leur faire peur. – 3. Il ne va pas s'attaquer à lui. – 4. On va le lui prêter. – 5. Nous n'allons pas en envoyer.

**22.** 1. Nous ne pouvons pas lui en donner. – 2. Vous n'osez pas le leur dire. – 3. N'ayez pas peur d'eux. – 4. Je ne veux pas t'en rapporter. – 5. Ne pense plus à elle.

## 3 LE FUTUR

**1.** *souligner :* 1. allons assister – 2. vont entrer – 4. Va… réussir – 6. allez gagner – 7. allons… fêter

**2.** 1. L'avion décolle dans 10 minutes. – 2. Le paquebot, qui va traverser l'Atlantique, va faire quelques escales. – 3. Ils vont utiliser toutes sortes de moyens de transport. – 4. Vous faites le tour du monde à moto ! – 5. Je navigue bientôt avec un nouveau coéquipier.

**3.** *souligner :* 1. passera – 2. préparera – 3. échoueront – 4. proposera – 5. quitterez

**4.** 1. s'installer – 2. conduire – 3. se produire – 4. attendre – 5. connaître – 6. payer – 7. geler – 8. s'ennuyer – 9. rejeter – 10. employer

**5.** 1. partirons – 2. atterrira – 3. dormirez – 4. finiras – 5. sortiront

**6.** *souligner :* 1. faudra : falloir – 2. ferez : faire – 3. aurez : avoir – 4. serons : être – 5. parviendrez : parvenir – 6. tiendras : tenir – 7. recevrons : recevoir – 8. pourront : pouvoir – 9. enverront : envoyer – 10. saura : savoir

**7.** 1. devra – 2. irons – 3. verrons – 4. voudra – 5. mourra

**8.** 1. Le 5 mai, à 16 h, nous partirons du port de Marseille. – 2. Le 6 mai, nous arriverons à Gênes et nous visiterons la ville. – 3. Le 7 mai, nous partirons pour Naples où nous arriverons vers 17 h. Le soir, nous dînerons dans une petite trattoria. – 4. Le lendemain, nous ferons une excursion au Vésuve et à Capri. Puis nous irons en Sicile. – 5. Nous serons de retour à Marseille le 15 mai.

**9.** 1. obtiendrez – 2. sera – 3. aurez – 4. viendront – 5. recueillerez

**10.** 1. offrirai – 2. creuserai – 3. ferai – 4. sera - sera – 5. seras – 6. attendrai – 7. rapporterai - rapporterai – 8. aimera - attendrai – 9. prendra - aimera

**11.** 1. je courrai – 2. j'acquerrai – 3. je mourrai – 4. je préviendrai – 5. je reverrai – 6. j'obtiendrai

**12.** *souligner :* 1. vous allez voir – 2. enverrez – 3. gagnerai – 4. vas pas commencer – 5. pleuvra

**13.** 1. vais avoir – 2. préparerons - iras – 3. pourrez – 4. vont changer - seront – 5. vas dire

**14.** *souligner :* 1. t'aimerai – 2. vous préviendra – 3. vais t'aider – 4. ferez – 5. allons déménager

**15.** *cocher :* 3 – 4 – 5 – 6 – 7

**16.** 1. d – 2. e – 3. a – 4. b – 5. c

**17.** 1. t'ennuies – 2. seront – 3. saura – 4. es – 5. verrai

**18.** *souligner :* 1. auras fini – 2. serai arrivé – 3. auras obtenu – 4. se sera endormi – 5. aurai terminé

**19.** 1. vrai – 2. faux ( il exprime une action antérieure à une autre dans le futur)

**20.** 1. aurons démoli - agrandirons – 2. déménagerons - serons partis – 3. auront fait - construiront – 4. remboursera - aura réglé – 5. achèterai - serai parvenu – 6. aura fini - travaillera 9. auras épargné - pourras – 10. recevrez - vous serez inscrit

## 4 LE PASSÉ COMPOSÉ

**1.** 1. appelé – 2. envoyé – 3. payé – 4. acheté – 5. écouté – 6. oublié – 7. feuilleté – 8. appuyé

**2.** 1. er – 2. é – 3. er – 4. é – 5. é – 6. é – 7. er

**3.** 1. menti – 2. senti – 3. grossi – 4. rougi – 5. fini – 6. choisi

**4.** 1. c – 2. a – 3. d – 4. b – 5. e – 6. h – 7. j – 8. f – 9. g – 10. i

**5.** 1. pleuvoir – 2. plaire – 3. devoir – 4. falloir

**6.** *souligner :* 1. gravi – 2. découvert – 3. vu – 4. pris – 5. fait

**7.** 1. Nous – 2. Ils/Elles – 3. J' – 4. Tu – 5. Il/Elle/On

**8.** 1. n'avez pas eu – 2. ont eu – 3. avons été – 4. n'as pas eu – 5. ai été

**9.** 1. ai ouvert – 2. ai entendu – 3. avez compris – 4. avons déjà reçu – 5. ont disparu

**10.** 1. j'ai conduit – 2. il a souffert – 3. nous avons écrit – 4. ils ont connu – 5. tu as dit

**11.** 1. B a – 2. C d – 3. A e – 4. E b – 5. D c

**12.** *souligner :* rester – partir – venir – mourir – naître – arriver – tomber – passer – aller – devenir

**13.** 1. Nous sommes allés... – 2. Sophie est retourné... – 3. Mes frères sont rentrés... – 4. Elle est montée... – 5. Je suis descendu(e)....

**14.** est allée – est restée – sont tombées – sont venus – sont retournées

**15.** est – a – est – a – a – a – a – a – est – est

**16.** 1. as – 2. avez – 3. sommes – 4. ont – 5. a – 6. suis – 7. a – 8. sommes – 9. es – 10. sont

**17.** 1. c – 2. d – 3. a – 4. e – 5. b

**18.** 1. Nous nous sommes endormis... – 2. Elles ne se sont pas couchées... – 3. Thierry ne s'est pas levé... – 4. Ma mère s'est reposée... – 5. Vous vous êtes réveillé(e)(s)...

**19.** 1. se sont aimés – 2. nous sommes connus – 3. se sont mariées – 4. vous êtes perdu(e)s – 5. nous sommes embrassés

**20.** 1. b – 2. d – 3. e – 4. c – 5. a

**21.** 1. vu - prises – 2. lu - empruntés – 3. écrites - postées – 4. téléphoné - rencontrés – 5. fait - expliqués

**22.** 1. venus - partis – 2. lavée - lavé – 3. traduites - cherché – 4. remarqué - achetées – 5. montré - offertes

# 5 LES TEMPS DU PASSÉ

**1.** *horizontalement :* indiquions – adorait – tombiez

*verticalement :* imitaient – utilisais

**2.** vrai

**3.** *rayer :* elle bavardait – nous rencontrions – vous donniez – elles étudiaient

**4.** 1. était – 2. couvrait – 3. vivaient – 4. était - redoutaient – 5. peignaient

**5.** approchais – allais – dirigeait – était – parlait – remuait – trouvais – avait

**6.** 1. c - f – 2. e – 3. b - d – 4. a – 5. g

**7.** 1. conduisaient - faisaient – 2. voyait - déjeunaient – 3. avions – connaissions

**8.** *phrases possibles :* 1. ...voulais partir à l'étranger. – 2. ...prenions l'avion. – 3. ...lisait peu. – 4. ...écriviez des nouvelles.

**9.** 1. regardait – 2. suçait – 3. faisait - regardait – 4. se réveillait – 5. prenait

**10.** *rayer :* 1. j'ai adoré – 2. je suis allé – 3. Rentriez-vous – 4. Je rencontrais – 5. Nous arrivions

**11.** 1. travaillais – 2. m'as demandé – 3. pleurais - étais – 4. se sont revus

**12.** *phrases possibles :* 1. a. Mes parents se disputaient. - b. Le voleur s'est enfui par la fenêtre. – 2. a. Je me promenais avec mes enfants dans la forêt. - b. J'ai appelé immédiatement la police. – 3. a. Elle voulait se réveiller. - b. Elle en a voulu un autre.

**13.** a baissé – travaillait – sont – sont – s'occupent

**14.** 1. Hier, je suis passé chez Léa pour aller au cinéma. Elle n'était pas prête comme d'habitude. – 2. Cette année, nous sommes allés en Australie. Il y avait des paysages et des animaux extraordinaires. – 3. J'ai vu une pièce de théâtre. C'était sans intérêt. – 4. Les élèves ont organisé un pique-nique. Il faisait un temps magnifique. – 5. À 5 heures, le réveil a sonné.

François dormait profondément. – 6. Les enfants sont restés à la maison. Ils avaient de la température. – 7. Vous ne vous êtes pas occupé de ces affaires. Elles étaient trop compliquées.

**15.** Nous étions en vacances. Nous buvions un jus de fruits au bord de la piscine. Soudain, un petit garçon a appelé au secours. Il se noyait. Paul s'est jeté à l'eau et l'a sauvé.

**16.** 1. a. n'a pas pu - b. avait – 2. a. était en train de bavarder - b. a demandé – 3. a. ont pris - b. étaient. – 4. a. dormait - b. est sortie – 5. a. épluchait - b. s'est mise

**17.** J'étais au jardin du Luxembourg. J'avais rendez-vous avec Thomas. Je savourais les premiers rayons du soleil. Soudain, une femme s'est assise sur le banc d'en face ; elle m'a regardé et m'a fait un signe de la main. Elle portait un déguisement de fée mais elle me semblait bien trop grande pour une femme. En effet, quand elle m'a salué, j'ai reconnu la voix de mon ami Thomas, le farceur.

**18.** 1. faux (Le plus-que-parfait exprime une action qui se passe avant une autre action dans le passé.) – 2. vrai.

**19.** tu me l'avais promis – vous vous étiez rencontrés

**20.** 1. avais recommandé – 2. aviez soumis. – 3. n'étaient pas rentrés – 4. ne s'était pas couchée – 5. lui avais demandé – 6. avais prêtés – 7. avait données. – 8. étaient déjà partis – 9. était déjà morte – 10. n'étions pas venus – 11. s'étaient servis

**21.** j'ai reçu – m'avait écrit – était – j'avais choisi – recherchait – me suis rendu – m'avait donné – nous sommes entretenus – est paru – j'ai fini

**22.** 1. a revu - avait rencontrés – 2. étions - allions – 3. ai oublié - avais – 4. avait - est morte – 5. a arrêté - avaient braqué

## 6 LE CONDITIONNEL PRÉSENT

**1.** *souligner :* 1. pourriez – 4. devrais – 5. aimerions – 6. voudrait - 7. devriez

**2.** futur - imparfait

**3.** 1. vrai – 2. vrai – 3. vrai

**4.** 1. a – 2. a – 3. c – 4. b – 5. c

**5.** 1. devrais – 2. préféreriez – 3. aimerions – 4. Pourrais – 5. prendraient – 6. aimerait

**6.** *rayer :* 1. irai – 2. aura – 3. seront – 4. préférais – 5. devions

**7.** 1. souhaiteraient – 2. voudriez – 3. aimerais – 4. désirerait

**8.** 1. valoir – 2. devoir – 3. falloir – 4. faire – 5. être

**9.** 1. Il vaudrait mieux arriver à l'heure.... – 2. Vous feriez mieux de téléphoner... – 3. Vous devriez vous adresser... – 4. Il faudrait demander... – 5. Vous devriez faire...

**10.** 1. m'entraînerais – 2. courrais – 3. serait – 4. disputerais – 5. m'intéresserais

**11.** 1. Je voudrais... – 2. Vous sauriez... – 3. Vous pourriez... – 4. Est-ce qu'il vous resterait... – 5. Connaîtriez-vous...

**12.** 1. b – 2. d – 3. a – 4. c – 5. e

**13.** 1. d – 2. a – 3. c – 4. b – 5. a

**14.** *phrases possibles :* 1. ...inviterait son homologue italien. – 2. ...partirions sans vous. – 3. ...serais libre mardi soir. – 4. ...irait en Amérique latine et on visiterait tous ces beaux pays. – 5. ...vous porteriez mieux. – 6. ...rentrerais tard ce soir... – 7. ...débattrait de la Sécurité sociale. – 8. ...vivrions sur un bateau et nous voyagerions. – 9. ...traduirais des poèmes de Rimbaud. – 10. ...aurait faim.

**15.** 1. d – 2. e – 3. b – 4. a – 5. c

**16.** *phrases possibles :* 1. ...d'antenne à la télévision, j'inviterais mon actrice préférée et je l'interrogerais. – 2. ...un enfant aujourd'hui, il ferait de longues études pour choisir une bonne profession. – 3. ...changer de profession, je serais danseuse. – 4. ...un dirigeant politique, j'interdirais la consommation d'alcool dans les boîtes de nuit. – 5. ...de pays, j'irais vivre en Afrique du Sud.

**17.** 1. ...visiterions... – 2 ...découvririons... – 3. ...ferait... – 4. verrions... – 5. ...irait...

**18.** 1. ...téléphonerait... – 2. ...écrirait... – 3. m'enverraient... – 4. ...recevrais... – 5. ...communiqueraient...

**19.** 1. b – 2. d – 3. a – 4. c – 5. e

**20.** *phrases possibles :* 1. il aimerait aussi avoir une petite sœur. – 2. connaîtriez-vous le boulevard Victor Hugo ? ...le maire de Paris démissionnerait. – 4. ...prendraient de nouvelles mesures. – 5. ...je m'inquiéterais moins. – 6. ...nous finirions tard, mange sans nous. – 7. ...nous irions en voyage de fin d'année en Corse. – 8. elle aimerait vivre à la campagne. – 9. tu devrais faire un régime. – 10. ça te dirait d'aller voir une comédie musicale ?

**21.** 1. c – 2. d – 3. a – 4. e – 5. b

## 7 LE DISCOURS RAPPORTÉ

**1.** *souligner :* 1 – 4 – 5 – 7 – 9

**2.** 1. affirmation – 2. affirmation – 3. ordre – 4. opinion – 5. question – 6. opinion – 7. ordre – 8. question – 9. affirmation – 10. ordre

**3.** 1. Elle dit qu'elle ne se sent pas bien. – 2. Il répond qu'il lui prescrit un nouveau traitement. – 3. Il lui explique qu'il/elle a une fracture du tibia. – 4. Elles remarquent que le petit Paul est un patient très gentil. – 5. Elle annonce qu'elle sort de l'hôpital demain.

**4.** 1. Il demande s'il a consulté un cardiologue. – 2. Elle veut savoir ce qu'il/elle a pris comme médicaments. – 3. Il veut savoir si son alimentation est trop riche. – 4. Il demande pourquoi il/elle fait la queue. – 5. Elles demandent combien il coûte.

**5.** 1. La bibliothécaire demande aux élèves de rapporter leurs livres lundi. – 2. Le chef de rayon me dit d'envoyer immédiatement le fax à Tokyo. – 3. Le vendeur nous conseille de repasser la semaine prochaine. – 4. L'agent de police m'ordonne de lui montrer mes papiers. – 5. Le professeur lui recommande de lire les écrivains du XIXᵉ siècle.

**6.** 1. "Je t'interdis de sortir pendant la semaine", dit mon père. – 2. "Ne traîne pas sur le chemin de l'école", dit la mère au petit garçon. – 3. "Ne faites pas de sport pendant quelques jours", conseille le médecin à son patient. – 4. "Ne prenez pas l'autoroute A7 jusqu'à 21 heures", conseille la radio. – 5. "Fais attention aux premières portes de la course", demande l'entraîneur au skieur.

**7.** 1. c – 2. e – 3. a – 4. b – 5 d

**8.** 1. Il lui demande s'il a les horaires des trains pour Menton et s'il peut lui donner le numéro de téléphone de la gare. – 2. Il lui dit qu'il aura des rendez-vous toute la matinée et qu'il repassera au bureau à 14 heures. – 3. Il lui dit d'arrêter de pleurer et de manger sa soupe. – 4. Il lui demande comment il s'appelle et ce qu'il fait dans la vie. – 5. Elle lui demande de prendre la carte routière et de mettre la valise dans la voiture.

**9.** 1. a – 2. b – 3. c – 4. c – 5. a

**10.** 1. Il a déclaré que c'était bizarre et qu'habituellement son employé le prévenait quand il ne venait pas. – 2. La mère a promis à sa fille qu'elle allait lui acheter un vélo pour son anniversaire et que son père allait l'accompagner au parc Astérix. – 3. Le vendeur m'a expliqué qu'il fallait tout simplement inverser les fiches et que je devais changer les piles. – 4. Elle a répété qu'elle ne voulait pas aller à l'école parce qu'elle n'aimait pas sa maîtresse. – 5. Je lui ai dit qu'elle avait de beaux et qu'elle était jolie.

**11.** 1. "Je suis rentré de voyage la semaine dernière", m'a-t-il dit. – 2. "Il y a eu un tremblement de terre au Mexique", ont dit les informations. – 3. "Il a plu toute la journée", a annoncé la météo. – 4. "Avez-vous envoyé le courrier ?", m'a demandé Madame Vidal. – 5. "Pourquoi n'êtes-vous pas venues à la réunion ?", a-t-elle cherché à savoir.

**12.** 1. Le policier a demandé ce qu'il avait fait le 16 août entre 15 h et 21 h. – 2. Il a cherché à savoir avec qui il avait passé la soirée. – 3. Il a demandé par où il était passé pour rentrer chez lui. – 4. Il a voulu savoir combien de temps il était resté chez son ami. – 5. Il a demandé quel bus il avait pris.

**13.** 1. b - d – 2. a - c - e

**14.** 1. ...elle terminera plus tard. – 2. ...je ferais à sa place. – 3. ...il y aura un livre qui lui plaira. – 4. ...ils se marieront bientôt. – 5. M. Lecor aimerait vous voir.

**15.** 1. Monsieur Chenet a demandé à Mademoiselle Petitjean de lui réserver une place dans le TGV de 14 h 02 pour Valence et d'appeler aussi M. Brun pour lui fixer un rendez-vous. – 2. Elle a voulu savoir si elle devait lui dire de préparer la réunion du 15. – 3. Il a répondu qu'il lui en avait déjà parlé. – 4. La secrétaire a précisé qu'elle le tiendrait au courant pour le projet *Prodimode* durant son absence. – 5. Il lui a dit que c'était parfait, qu'il descendrait à l'hôtel Belle Vue, qu'il y avait retenu une chambre.

**16.** 1. a – 2. c – 3. d – 4. b – 5. a

# 8 L'HYPOTHÈSE

**1.** *cocher :* 1 – 2 – 5 – 6 – 7

**2.** *souligner :* 1. Quand – 2. Si – 3. Quand – 4. Si – 5. Quand

**3.** *rayer :* 1. S' – 2. Si – 3. S' – 4. Si – 5. S'

**4.** 1. b – 2. a – 3. e – 4. c – 5. d

**5.** 1. buvez – 2. veux – 3. m'en vais. – 4. est – 5. couvre-toi

**6.** *phrases possibles :* 1. ...va au tennis sans moi. – 2. Si tu veux... – 3. ...mets de l'essence. – 4. ...appelle-le. – 5. Si vous êtes libre...

**7.** 1. d – 2. e – 3. a – 4. b – 5. c

**8.** 1. téléphonerai - ai – 2. ferons - pleut – 3. veux - inviterai – 4. vont - adoreront – 5. part - manquera

**9.** *phrases possibles :* 1. Si vous ne venez pas à ma fête... – 2. Si nous étudions sérieuse-ment... – 3. Si vous le désirez... – 4. ...vous trouverez la poste, à votre gauche. – 5. ...nous aurons deux heures de permanence.

**10.** 1. à l'imparfait – 2. au conditionnel présent

**11.** 1. donniez – 2. étaient – 3. devenais – 4. habitait – 5. quittait – 6. offrions

**12.** 1. saurait – 2. faudrait – 3. vaudrait – 4. peindrais – 5. dirais – 6. sortirait – 7. défendriez

**13.** 1. c – 2. d – 3. e – 4. b – 5. a

**14.** 1. reproche – 2. reproche – 3. hypothèse – 4. hypothèse – 5. hypothèse

**15.** 1. serions allés – 2. t'étais baigné – 3. auriez participé – 4. auraient reconnu. – 5. aviez prévenu

**16.** *phrases possibles :* 1. Si je recevais des amis chez moi, je ferais un bœuf bourguignon. – 2. Si c'était mon anniversaire, j'aimerais un bijou. – 3. Si j'étais écrivain, j'écrirais des romans policiers. – 4. Si j'avais de l'argent et du temps, je voyagerais dans le monde entier. – 5. Si je trouvais un portefeuille rempli d'argent, je l'apporterais au commissariat de police.

**17.** 1. n'aurais jamais trouvé – 2. aiderions – 3. achèteraient – 4. auriez rencontré – 5. serions sortis

**18.** 1. Si j'avais réussi à mon examen, je serais parti en vacances. – 2. Si elle avait un travail, elle changerait d'appartement. – 3. Si elles aimaient la musique classique, elles iraient à l'opéra. – 4. S'ils étaient venus en métro, ils seraient arrivés à l'heure. – 5. Si je savais conduire, je serais autonome.

**19.** 1. c – 2. e – 3. d – 4. b – 5. a

**20.** n'ai jamais eu – avais vécu – aurions fait – serais né – se serait plus quittés

**21.** *phrases possibles :* 1. ...tu auras des bonbons. – 2. ...je ferais des études. – 3. ...prends-lui une bonne place. – 4. ...nous aurions acheté un cadeau. – 5. ...ils auraient moins d'en-nuis. – 6. ...vous lui parleriez des difficultés de votre entreprise ? – 7. ...nous serions passés vous prendre en voiture. – 8. ...il faut faire un régime. – 9. ...j'entendrais ce que ta tante me dit. – 10. ...je serais allée chercher les croissants.

# 9 LE SUBJONCTIF PRÉSENT

**1.** vrai

**2.** 1. b – 2. e – 3. b – 4. b – 5. d – 6. a – 7. c

**3.** 1. ...il faut que vous prépareriez la veille le nécessaire... – 2. Il faut que tu boives du lait demi-écrémé... – 3. Il faut qu'ils mangent... – 4. Il faut que nous prenions... – 5. Il faut que je prenne... – 6. Il faut qu'elle choisisse...

**4.** 1. d – 2. a – 3. e – 4. b – 5. c

**5.** *horizontalement :* 1. as – 2. amies – 3. bal – 4. loi – 5. aient

*verticalement :* a. câbla – b. ma – c. aille – d. se – on – e. soit

**6.** *souligner :* 1. ...tu voies – 2. ...il croie – 3. ...il réponde – 4. ...j'aie – 5. ...je dise

**7.** 1. lise – 2. mettes – 3. envoie – 4. suivions – 5. fassiez – 6. sachent – 7. parte

**8.** 1. vouloir – 2. valoir – 3. pleuvoir

**9.** 1. vienne – 2. soient – 3. rende – 4. donnions – 5. retienne

**10.** 1. parte – 2. prenne – 3. allions – 4. apprenne – 5. ayez/obteniez

**11.** 1. ...tu écrives à ta grand-mère. Cela lui ferait plaisir. – 2. ...il finisse ses devoirs avant d'aller jouer. – 3 ...vous ayez une promotion. – 4 ...je voie ce film. – 5 ...ils fassent leur lit.

**12.** 1. I – 2. S – 3. I – 4. S – 5. S

**13.** 1. subjonctif – 2. subjonctif – 3. indicatif – 4. indicatif – 5. subjonctif

**14.** 1. Je déclare – 2. J'imagine – 3. Je remarque – 4. J'espère – 5. Je ne constaste pas

**15.** 1. b – 2. b – 3. a – 4. a – 5. c – 6. b – 7. a – 8. c – 9. c – 10. c

**16.** *souligner :* 1. pour que – 3. bien qu' – 4. avant qu' – 6. afin que – 7. à condition qu'

**17.** *phrases possibles :* 1. Il faut... – 2. Je crois... – 3. Je doute... – 4. J'espère... – 5. Je crains...

**18.** 1. fasse – 2. révisiez – 3. aimez – 4. reprennes – 5. sait

**19.** 1. téléphoniez – 2. ait – 3. sommes – 4. vendent – 5. buvions

**20.** 1. soient – 2. passiez – 3. connais – 4. donniez – 5. délaisse

**21.** 1. étudions – 2. pleuve – 3. peux – 4. parlions – 5. prépare

**22.** parvienne – saches – aimons – puisses – rendras

## 10 LES COMPARATIFS ET LES SUPERLATIFS

**1.** *avec un adjectif :* 3 - 3 - 8 – *avec un nom :* 2 - 1 - 5 – *avec un verbe :* 10 - 6 - 4 – *avec un adverbe :* 11 - 9 - 7

**2.** 2. aussi... que – 5. plus... que – 7. moins... que

**3.** 1. plus - qu' – 2. moins - que – 3. moins - que – 4. plus - que – 5. plus - qu'

**4.** 1. plus - qu' – 2. aussi - que – 3. plus - qu' – 4. aussi - que – 5. moins - que

**5.** *phrases possibles :* 1. Les Français sont plus grands que les Japonais. – 2. Les voitures françaises sont moins chères que les voitures allemandes. – 3. New-York est plus moderne que Rome. – 4. Le ski de piste est plus dangereux que le ski de fond. – 5. Leonardo Di Caprio est moins beau qu'Alain Delon.

**6.** 1. autant d' b – 2. autant de a – 3. aussi d – 4. aussi c – 5. autant de e

**7.** 1. Je prends plus de vacances que l'année dernière. – 2. Il fume autant de cigarettes que moi. – 3. Mes parents lisent moins de livres que nous. – 4. Il y a plus de touristes que l'été dernier. – 5. Nous écoutons autant de musique classique que d'opéra.

**8.** 1. aile - joue - eau - temps - eau - car - T - œufs - K - la - P - temps - queue : Elle joue <u>autant</u> aux cartes <u>qu'</u>à la pétanque. – 2. île - dé - scie - N - œufs - mou - un - queue - sa - S - heure : Il dessine <u>moins que</u> sa sœur.

**9.** *phrases possibles :* 1. Il mange plus qu'elle. – 2. Nous voyageons moins que lui. – 3. Vous allez plus souvent au cinéma qu'eux. – 4. Ils marchent autant qu'elles. – 5. Tu sors moins que moi. – 6. Je me lève plus tôt que toi. – 7. Il dépense autant que nous. – 8. Nous lisons autant que vous.

**10.** *rayer :* 1. plus de – 2. moins de – 3. autant – 4. moins de – 5. autant

**11.** *phrases possibles :* 1. Marie traduit plus vite que Catherine. – 2. Léa apprend une langue moins facilement que Simon. – 3. Cécile arrive aussi tôt au travail que Christophe. – 4. Dominique court moins longuement que Jean. – 5. Anne lance le poids plus loin que Bruno.

**12.** 1. moins - qu' – 2. aussi - qu' – 3. plus - que – 4. aussi - de - que – 5. moins - que

**13.** 1. c – 2. a – 3. b – 4. d – 5. e

**14.** 1. mieux – 2. bien – 3. meilleur – 4. bon – 5. meilleur

**15.** 1. mieux – 2. meilleur – 3. mieux – 4. meilleures – 5. meilleur

**16.** 1. le plus (le guépard) – 2. la moins (le lynx) – 3. le plus (le colibri) – 4. les plus (les mammifères) – 5. le plus (la baleine bleue)

**17.** 1. le plus - de – 2. la plus - d' – 3. les plus - de – 4 les plus - de – 5. le plus - de

**18.** 1. ...le meilleur du monde. – 2. ...les moins bonnes du monde. – 3. ...les moins bons d'Europe. – 4. ...les meilleures du monde. – 5. ...la meilleure du monde.

**19.** 1. le mieux – 2. mieux – 3. mieux – 4. le mieux – 5. le mieux

**20.** 1. mieux – 2. le meilleur – 3. meilleure – 4. le mieux – 5. meilleurs

N°d'éditeur : 10157425 - PAOH ! - Janvier 2009
Imprimé en France par EMD S.A.S. - 53110 Lassay-les-Châteaux - N° dossier : 20498